귀향, 직립의 휴식

문학과사람 시인선 015

귀향, 직립의 휴식
문학과사람 시인선 015

초판 1쇄 발행 | 2023년 7월 20일

지 은 이 | 홍문숙
펴 낸 이 | 김광기
펴 낸 곳 | 문학과 사람
등록번호 | 제2016-9호
등록일자 | 2016년 7월 22일
주　　소 | 경기도 시흥시 하상로 36 금호타운 301-203
　　　　　서울시 마포구 성미산로 1길 30, 2층
전　　화 | 031) 253-2575
전자우편 | poetbooks@naver.com
홈페이지 | http://cafe.daum.net/yadan21

ISBN 979-11-90574-84-6 03810

값 12,000원

* 이 책은 전부 또는 일부 내용을 재사용하려면 저자와 '문학과 사람'의 동의를 받아야 합니다.
* 이 도서의 국립중앙도서관 도서목록(CIP)은 서지정보유통지원시스템 홈페이지(http://seoji.nl.go.kr)와 국가자료공동목록시스템(http://www.nl.go.kr/kolisnet)에서 이용하실 수 있습니다.
* 이 시집은 교보문고와 연계하여 전자책으로도 출간됩니다.

귀향, 직립의 휴식

홍문숙 시집

* 본문에서 페이지가 바뀌며 연 구분 공간이 있을 때에는 〉 표기를 합니다.

■ 시인의 말

오후,

뒤꼍에 대해선 부채가 많습니다.
뒤꼍에 대해선 시력이 흐립니다.
그럼에도 많은 시간을 지불해서라도
그곳에 가야 하는 이유는 무수히 많습니다.
오늘은 그 뒤꼍을
무상의 기억만 갖고 잠입하고 싶습니다.
푸른 그을음들과 무한의 고요,
늘 언어의 감성 속에 갇히곤 하며…
자폐적 그리움, 한번 꿈꿔봐야겠습니다.

2023년 7월, 홍문숙

■ 차 례

1부, 오후의 낙서

歸鄉 – 19
유년을 훔치다 – 20
다락방 이야기 – 22
옥탑방 – 24
수묵에 들다 – 25
수원성 이야기 – 26
八達門 – 28
유월의 목재소 – 30
幼年 – 31
2월에 잠을 깼다 – 32
3월의 移動 – 33
봄밤 – 34
패랭이꽃 2 – 35
오래된 안부 – 36
일상을 꿈꾸다 – 37
이상한 나라의 개 – 38
성벽의 날들을 보내다 – 39
술빵 – 40
대합실 – 42
트라이앵글 – 44

플룻 – 46
자귀나무 – 47
오래된 귀향 – 48
외출 3 – 49
어느 날, 아이가 플룻을 가져왔다 – 50
시간이 사라진 적이 있었다 – 51
분꽃 이야기 1 – 52
분꽃 이야기 2 – 53
작은 언니 – 54
空心墩 – 56
A4지를 스치며 – 57
골목바람 – 58
텃밭 – 59
솟대 – 60
명아주 – 62
초록 운동화 – 64
금지된 장난 – 66
가시엉겅퀴 1 – 68
수수꽃다리 2 – 69
느티나무 – 70
바람개비 – 72
도라지꽃 – 74

풍선초 – 75
클로버 – 76
수세미 2 – 78
오후의 낙서 – 79
할머니와 나 – 82
어머니와 항아리 – 83
보자기 – 84
구절초 – 85
우기 2 – 86
밤하늘엔 별들의 천형이 있다 – 87
백합 – 88

잃어버린 단서 1 – 100
잃어버린 단서 2 – 102
질경이 – 104
柳下白馬圖 – 106
華虹門 1 – 107
華虹門 2 – 108
기억을 달이다 – 109
歸家 – 110
텃밭 2 – 111
거대한 앨범 – 112
흙과의 동거 – 113
홍 갤러리 – 114
종이가 좋다 – 116
파초 – 118
파초를 그리다 – 119
화분들 – 120
데칼코마니 3 – 121
수선화가 있는 사진관 – 122
오래된 공복 – 123
자전거 – 124
식당 – 126
여유 – 127

2부, 오래된 재회

냉이꽃 – 91
雨水 – 92
西湖 1 – 93
西胡 2 – 94
수면을 위한 소묘 – 96
사철쑥 – 97
철쭉을 피우다 – 98
烏竹에 기대어 – 99

사랑초 1 – 128

사랑초 2 – 129

생강 밭에 들른 달 – 130

은행나무길 5 – 132

해바라기에 대한 명상 – 133

나혜석을 스치며 – 134

그, 집 – 136

키 큰 부동산 – 137

은행나무길 1 – 138

은행나무길 2 – 139

장안공원에서 – 140

장안사거리 – 142

장안공원 – 145

가을에 3 – 146

비, 어제의 행방 – 147

因緣 – 148

다시 매디슨카운트 다리에 서다 – 149

오래된 재회 – 150

공 – 151

김장 – 152

봄날 – 153

타로점이 있는 거리 – 154

3부, 아름다운 윤회

연등 – 157

한때, 오후를 훔친 적이 있다 – 158

오월의 어머니 – 160

風景 8 – 161

풍경 9 – 162

금지된 계절 – 163

햇살 5 – 164

연못 – 165

訪花隨柳亭 – 166

어느 날 1 – 168

어느 날 2 – 169

그녀 5 – 170

그, 골목 – 172

투명을 말하다 – 173

그녀를 만났다 – 174

그녀 7 – 175

골목길에서 현기증과 만나다 – 176

나무와 나 – 177

그녀 9 – 178

因緣 2 – 180

산책 – 181

歸家 2 – 182

4월의 기억 1 – 183

4월의 기억 2 – 184

오월의 삽화 – 185

바느질 – 186

내 우울한 구석의 이야기 – 187

유년 2 – 188

가끔씩 그들이 전화를 한다 – 189

미니멀 라이프 – 190

형광등 – 192

풍토병보고서 – 193

부드러운 폐허 – 194

전송 – 195

범선 이야기 – 196

꿈 – 197

장마 – 198

八達山 – 199

그 집엔 오후가 산다 – 200

耳順 – 201

풍경 11 – 202

붓꽃 – 204

옥탑방 2 – 205

紙婚式 – 206

따뜻한 노력들 2 – 207

타임(Time) – 208

아름다운 윤회 – 209

사랑은 – 210

다시 유월, 물의 어귀에 서다 – 211

오전의 낙서 – 212

나무와 새 – 214

冬至 – 215

歸去來辭 – 216

■ **맺음말**

숲으로 돌아가는 새 – 218

1부

오후의 낙서

歸鄕

겨울은 나무들의 고향이다
오랜 직립들의 휴식처다
어디선가 저묾을 깨워주는 방울소리가 들리고
지금은 청노새 한 마리가 깃들기에 좋은 슬픔만 남아 있다
마침내 모든 바람은 함구해야 한다
여름은 잎 넓은 귀라고 했던가
추억을 끌어모으는 일은 망각을 밀어내는 일
그러나 어쩌랴 어떤 부주의도 그곳을 떠나려 하면
곧장 금지된 저주가 됨을,
수액의 길을 비틀려던 모든 사연들이
그 나무 안에서 얼마나 딱딱한 후회를 하고 있는지
그리하여
눈치 없는 상인들은 한 마리 추억을 삭정이에 매어서는 안 된다
한 마리 추억을 오랜 직립들의 어귀에 묶어서는 안 된다
하지만 먼 곳의 여행들이 덜컹거리는 동안
한 마리 노새를 세우기 위해 그 나무
밤새 첫잠을 미루고 상인들의 깊은 회상에 추억을 내주기도 하는,

겨울은 모든 직립들의 고향이다

유년을 훔치다

문을 젖히자 느닷없이 뛰쳐나오는 어둠들
이토록 환한 어둠들이 아직도 존재한다니,
다락방을 연다
기억의 미로와
유년의 부피들이 아무렇게나 나뒹굴고 있는
아! 그러나 아직 속단해서는 안 된다
살구가 떨어질 쯤에야 나의 숨바꼭질을 도와주던 내부
다락방은 내 유년의 공상이 인화되기에 좋은 암실이었다
사랑채 할아버지의 헛기침과
담장 너머 아이들의 고무줄놀이,
일찍 찾아온 장마 속에서
칸나가 제 잎을 찢으며 붉은 사랑을 노래하는
그 기척도 고스란히 새겨지던 곳
오래된 기억들은 왜 다락방에 이르러
중년의 나를 찾아내는 걸까
손을 더듬을 때마다 먼지들이 가르쳐주는 길로
기억의 체적을 줄이는 먼 옛날의 체온들
그렇다면 그동안 내가 잊고 살았던 것이 아니라

아득한 유년을 간직해온 것이다
나 오늘 어릴 적 마음으로 돌아가 내 안의 거처였던
아름다운 유년을 훔친다

다락방 이야기

다락방, 필시 그곳이
우리들의 누락된 기억이
소품으로 저장 중일 것이라는 사실에 한 표 던집니다
또한 저에게도 무위적으로 내던지고 온
어린 시절의 그곳이 있었음을,
아, 왜 다락방을 떠올릴 때마다 커피가 끓는 걸까요
그곳은 과거가 내통되는
한 추억의 증후를 얘기할 수 있는 실존의 공간이었지요
아련한 그리움으로 남을 사연이며
헛꿈만 부풀리며 상기된 어린 날들의 성지였을 겁니다
지금도 늘 마음의 여백으로 남은 채
한 방울 속 계절이 강의 유속으로 바다에 이르렀어도
가끔은 그곳에 누워 꿈꾸던 이야기가 시작됩니다
그리움과 돌아오는 날엔
내 부끄러움까지도 감춰주었던 그 시절의 다락방,
어린아이와 노쇠한 경계에서 서로 마주치는 순간
신비롭고 안타까운 일이 아닐 수 없습니다
그 낮은 천장은 고개를 숙여야만 비집고 통할 수 있던 곳

나는 매일 풀방구리에 쥐 드나들 듯했고
무수한 사연들을 저장하기라도 하듯
기억의 원근법에 걸리는 날이면 그곳으로 숨어들기에 좋은,
그리하여 다락방은 현실로 되돌아오는 짧은 원입니다

옥탑방

문득 먼 기억을 되살려 옥탑방에 가본다
사월의 무중력 한 밤하늘과
누군가 튕기던 기타 소리가 머물던 곳
그 안에서
낮은 목소리로 새어나오던 목이 긴 흥얼거림은
어느 지상을 그리워하던 고독이었을까
세상을 살아가면서 나도 가끔
내 몫의 인계동 옥탑방에 대해서 생각해본다
고흐의 독백처럼
허공 한켠에 위태롭게 매달려 있던
그 탈고되지 않을 사연들을 생각해본다
이제 옥탑방의 시대는 갔다
허름한 궤짝이나 옥상 위에서 메마른 계절을 버틴
분재들의 창고쯤으로 용도 변경된 그것들에 대해
그러나 나는 아직 결별의 의사가 없다
옥탑방, 다시 한번 건너편 옥상 위
까마득한 사연을 넘겨다 봐야겠다

수묵에 들다

일주일에 하루 이틀 서실의 시간들을 보낸다
이젠 지병이 되다시피 한 수원에서의 시간들
때론 난초가 때론 대나무가 내 오후의 내방객인 날들,
사군자가 무엇이겠는가
마음의 여백을 붙드는 의미 그 이상의 욕심이 되어서는
안 될 허심의 경계 아니겠는가
먹을 벼리어 흑백의 안으로 드는 일은 고혹하다
단층의 날들을 빠져나와
호흡 속 잘 풀리지 않던 농담을 붓끝에 모아
얇은 두께의 풍경 속으로 들어가는 일
강이 먹 내음을 맡자
몇 그루 버드나무가 되살아나고
안개들
오전의 고요들이 하나씩 제자리를 찾는 한때,
먹을 세워
며칠 잘 풀리지 않던 수묵의 안으로 든다
지금 방화수류정(訪花隨柳亭)의 봄은 어디쯤 왔을까
잠시 미루고 있던 붓끝을 세워 먼 옛날의 버드나무 몇
흐린 농담의 풍경 속으로 끌어들인다

수원성 이야기

城이란 본시 서정을 지키는 공간이 아니라
서사의 피눈물 나는 산물이었다
그 안엔
몇 달 치의 식량과 햇살과 적당량의 구름들이 필요했고
며칠도 못가 말라버릴 것 같은 민심들이 있었다
봄이 더디 오는 까닭도 그 성 때문이라는
원성이 들끓기도 했지만
오월이 되어도 나에겐 초등학교와
누군가 불러주던 저물녘의 성벽(城壁) 한켠,
피리소리가 있어 외롭지 않았다
본시 피리소리는
눈먼 슬픔들의 은신처라고 해야 적당할까
바람의 곁 소문을 들을 때마다
손끝 어디선가 환하게 짚이는 사연들이다
피리를 부는 건
하얀 이별을 다시 떠나보내고
푸른 댓잎들을 야광처럼 밝히는 일,
누군가 바람의 길을 걸어와

서슬 퍼런 세속을 낮은 곡조로 흘려놓고는
아무런 말미도 없이 멀어지는 회환(回還)이었음을,
나를 인생으로부터 지켜준
수원성 안에서의 여러 인연들을 펼쳐보고 싶다

八達門

내 유년의 대부분은
팔달문을 안방처럼 드나들었다
아이들의 개구쟁이 욕설에 무너진 벽돌과
속살이 드러난 마른 이끼들의 門
어떤 날엔 아지랑이에 쫓겨온 봄과
내 오후의 끝에서 공복을 끌어안고 앉아
유심히 바라보던 그 하늘엔 어떤 낮달이 떴었을까
검정고무신을 신은 아이들은
비장과 서리가 떠난 높고 퇴락한 그 문을
배고픔도 잊은 듯 떠나갔지만 쉽사리 돌아오지 않았고
가을이면 국화 향기만이 오후 내내 서성거리던 곳,

동생들이 먼저 그 문을 통과해서 집으로 돌아왔고
어머니의 고등어 한 손이 못골시장을 돌아 생선내를 풍기면
아버지가 그 안으로 또 다른 과거와 하루의 작별을 고하듯
어둠을 닫고서,
그런 날 저녁엔 하늘의 구름도 붉고 굵직한 소리를 내며
허공 한켠에선 플라타너스 잎들이 나뒹굴곤 했다

〉
팔달문, 지금은 삶이 가득했던 눈빛으로
더 깊은 땅 밑의 조언에 귀 기울이듯 우직하게 서 있다

유월의 목재소
– 지동 풍경

내 기억 속의 유월은 늘 그 목재소를 통해
집으로 왔다
어둠을 빼꼼, 열고 들여다보면
그 안엔 30촉 불빛이 펼쳐놓은
키 큰 사내 두엇과
방금 나이테를 빠져나온 톱 소리 몇 줌
빛나곤 했다
나무들이 제 안의 사연을 반듯하게 나눌 때마다
곡주 냄새가 풍겨 나오곤 했고
어깨가 굽은 사내가 외마디로 꺼내던 푸념들과
남도 말씨인 또 다른 남자의 퀭한 헛기침 속에서
그 안의 어둠들은 몇 번의 먹줄에도
기타의 현처럼 튕겨졌다
때로 문짝들과 조악한 장롱들이 퉁명스런 욕설처럼
밖으로 옮겨지곤 하던 어둠의 후미진 본거지,
우리 마을엔 다행스럽게도 큰길 건너 못골,*이라는 동네
유월의 목재소를 지나치던 풍경 하나, 있었다

*못골은 인계동 경계 너머 지동

幼年

오랜만에 나무로 인해 잊고 산
어린 시절의 원초적 의미들이
되살아나기 시작했습니다
나무가 갖고 있던 무수한 상상들과
한번은 그 밑으로 가
그늘의 영토를 확인하고 싶었던 마음과
가까운 곳의 바람을 몽땅 들이마시곤
쉽사리 내뱉지 않던 그 풍경까지,
다시 한번
그것들과의 혈연관계를 뒤적여봐야겠습니다

2월에 잠을 깼다

우수는 가끔 방 한켠에 벗겨져 있다 양말처럼,
베란다 선인장이
햇살이 길어지고 있다는 거짓말도
어제오늘의 일이 아니다
평생 뒤꿈치가 닳지 않을 텃밭 하나
갖고 싶다던 어머니
어머니는 지금쯤 치과에 들러
침침한 입안 어느 때쯤에 숨어있을까
2月, 우수가 된 것이다
겨울을 넘어온 겨울눈들이 나무속에서 빛나는 오후,
우수, 그녀에게 있어 달의 몰락은 하나의 구원이었고

나는 잠에서 깨어나 내 어머니가 계신 곳은 어딘지
숫자들을 꾹꾹 눌러 본다

3월의 移動

대지의 오류가 시작되면서 속설이 하나씩 깨진다
3월이 바빠지기 시작했고
겨우내 묻어둔 내 몸살도 뒤척이기 시작했다
빠르게 꽃들이 깨어나고
미뤄놓은 약속들이 몰려들었다
계절보다 앞서 들꽃을 만나는 일,
민들레들이 햇살을 불러들였음일까
한낮, 장안공원 가로등처럼 환하게 켜있다
겨우내 온기를 품어내는 일은 지루했다
내 안의 몇은 빠르게 생성 소멸되었으며
며칠은 아예 호흡이 후미진 안쪽까지 구겨지고
붉은 신열을 놓지 못했던 날들도 지나치고 있다
고단한 내력에 대해 들추려 하지 않는,
3월은 늘 가파르고
이 땅의 언덕은 잠깐의 햇살도 끌어들인다

봄밤

봄은 밤을 낳는다
밤은 소쩍새를 낳는다
사군자를 빠져나온 한 사내의 묵향과
노회한 사랑채의 사월 속에서
뒷산의 소쩍새 소리를 탁본처럼 낳는다
소쩍새 울고 간 이튿날이면
밤의 사연이 묵화로 배어나오는,
어릴 적 저녁이 오면
뒷산이 분주해지곤 했다

패랭이꽃 2

유월, 패랭이 핀 언덕을 걷는 일은
멀미처럼 가파르다
당장이라도 기억을 헛딛곤
무릎에 푸른 물을 새겨야 될 것 같은,
세월이 흐르면 모든 추억은
망가진 하이힐 뒷굽으로 돌아온다던
누군가의 말처럼 당혹스럽다
순간 기억의 성장기 뒤란을 뛰놀던
모세혈관들이 바빠지기 시작하고
저만큼 졸고 있던 저녁의 황혼이
풀들의 질서로부터 이탈된다
이럴 때 나는 몇 페이지의 기억만 갖고도
숨이 가쁘다 그리하여
저녁의 패랭이 곁을 지나치는 일은 야광처럼 고혹하다

오래된 안부

오래전엔 주말을 반공일이라 했었지요
그 화려한 절반의 휴일과
가끔씩 돌아오던 가을 한때의 햇살이
얼마나 향긋했는지
지금도 잊을 수가 없습니다
그리고 그 당시 지금의 내 나이였을
어머니와 아버지가 노란 멸치볶음을 만들어놓고
나를 기다렸을 한때가 떠오릅니다
그날은 그날들은
지상에서 다시는 돌아오지 않는다고 합니다
아! 우리는 언제까지
이 아름다운 시간의 포로가 되어
추억들을 상납해야 할지 알 수가 없습니다

일상을 꿈꾸다

가끔씩 무료함의 한켠을 쓸다가
어린 시절의 별 헤던 밤, 그 안의
별들이 쓰레받기에 쌓일 때가 있다
여름밤의 눅눅한 벌레소리와 할머니의
견우와 직녀 이야기가 오롯이 담겨질 때가 있다
때로 우두커니 선 채로
지구가 멀리 있다고 느껴지는 건 내가 머물던 세상이
푸른 별의 반대편 인계동 다락방이 있기 때문일지도 몰라
그 별에서도 나는 하루 치의 은전을 세거나
누군가와 엷은 웃음을 물물거래하거나
가시를 포기한 채 붉은 사막 몇 송이 피워내려는
선인장을 매만졌을지도 모를,
맙소사, 그렇다면 내가 꿈꾸던 일상은
내가 닫고 나오려던 낯섦의 안쪽이었단 말인가
그것들과 비명을 지르거나
오래된 사랑과의 결별, 늘상 그랬다

이상한 나라의 개

저녁이 올 때 개 한 마리가
어스름의 안쪽을 걸어가
푸른 발자국을 남기는 것은
유월의 밤들이
한낮을 훔친 도둑이기 때문이다
유월이 되면
나의 유년 속엔 개 한 마리가 머물곤 했었다
먼 길 걸어와 주머니 속에서
은전 몇 개 건네곤 사라진 그림자들과
그 풀기 잃은 기억 속에서
그 개는 뜨끈, 했으며 그래서였을까
의심으로 꽉 찬 붉은 혀 너머로 걸어 나가
또 다른 미아가 됐던 건 혹, 나는 아니었을까
아침 햇살에
노랗게 익은 살구가 지상에 대해
아무런 두려움도 없이 쿵쿵, 떨어지곤 했고
오후의 구름들이 몰려와
잠깐의 빗속에서 인계동 동쪽 끝엔 무지개가 뜨곤 했다

성벽의 날들을 보내다

꽃이 성벽을 넘으려면
바람의 먹이 필요하지만
내 지난한 날들이 성벽을 넘으려면
성장기의 악몽이 필요하다
돌담 틈바구니에 서린 햇살들이
벼루 속 말라붙은 누군가의 서체를 닮아 있듯
다짐들은 때로 비에 젖고
세월이 지워져야 체념에 이르는가,
나도 한때는 수원성 너머에
사춘기의 미소년에게 이르기 위해
벽을 넘는 꿈을 꾼 적이 있다
하루 종일 올려다봐도
높이가 헤아려지지 않던 성벽의 지존(至尊),

어느덧 몇 번이나 계절이 바뀌고
소식조차 없는 너를 내 성안에 가두고는
오늘도 푸른 벽의 노래만 부르고 있다

술빵

어린 시절 어머니는 내 공복의 뱃속에서 빵을 굽곤 했습니다
모락모락, 그때마다 나는
내 들뜬 입이 죄송스러워 빵이 다 익기까지
무궁화꽃이 피었습니다, 그러나
무궁화꽃은 서둘러 익혀지지 않았습니다
그럴 때마다 오후의 공상들은
아이들 놀이의 늑골 속으로 기차 서너 칸 몰고 와서는
철수가 심어놓은 담벼락 낙서만 깨우곤 사라졌습니다
영희 내 꺼,
그러나 나는 그 담장 속의 영희가 되지 않기 위해
숙제를 하거나 들판 저쪽 새로운 세상으로 뛰어나가곤 했지요
그리고 한 번
배 속으로 들어간 어머니는 쉽사리 나오지 않았습니다
나는 늘 어머니가 그 빵들을 다 먹고 나올까 봐
조바심을 삼키곤 했고
저녁노을은 담벼락 낙서 속을 빠져나가
화성역(華城驛)* 철길 저 너머 어스름 근처까지 떠나가곤 했지요
낮은 부뚜막,

하얀 김이 모락모락 새어나오던 내 유년의 공복 속에서
그 옛날의 어머니 빵을 굽곤 했었지요

*華城驛 : 水原市 仁溪洞 위치(수여선 수원-이천)

대합실
― 수원역에서

그리고 우리는 어디론가 떠나가는 대나무 푸른 마디 속의
바람인지도 모른다

나는 매일같이 행선지 하나씩 산다
기다림을 허물어 회상 속에 편승한다
조금 전의 나와
회상 속의 내가 조금씩 멀어지는 낯선 느낌을 받아내며
누군가 비워놓은 막간의 자리를 꿈인 듯 채운다
이미 떠난 사람들이 무수히 채웠을
유언과도 같은 웅성거림을 가슴 깊이 걸러내며
채워졌다 비워지는 익명의 공간들을 졸음 너머로 불러들인다
편도의 표정들엔
기다림으로부터 망명한 단말마의 두려움이 묻어 있다
행방을 쥔 자만이 감당해야 할
푸른 서슬의 예리한 그늘이 낙인처럼 새겨져 있다
그렇다면 내가 떠나온 모든 길들 두려움의 행방이었단 말인가
기다림이 완성되면 열차는 멈추는 법
누군가 눅눅하게 젖은 졸음을 일으켜 세웠고

밖엔
새가 되지 못한 날개라도 접듯 하루 치의 일간지를 겨드랑이에 낀
사내들 몇 빠르게 사라지고 있었다

트라이앵글

온몸이 악기다

세모 속에 갇힌 단순한 일상

바람의 초인종으로

걸어놓은 베란다 근처 트라이앵글을 툭 건드려 본다

그 사이 첫 아이의 성장이 건드렸고

내 무료한 날들의 습관이 무심코 들렀다 갔을

맑고도 향기로운 감촉

어느 날은 남편의 뒤늦은 귀가를 청, 심판하기도 했을…

트라이앵글의 날들이 그처럼 명쾌한 울림만은 아니었다

끈적거리고 긴 장마통 속 남편이 버린 우울을 내가 삼키던 날

명치께는 신열에 붙들리곤 했고

트라이앵글

다시는 울리지 않을 것처럼 침묵의 사각지대에 몰리곤 했으리라

여행은 며칠을 더 떠돌고서야 집으로 돌아왔고

그럴 때마다 훌쩍 어른이 되던 세상의 봄들, 맑고 투명한

빛의 막대를 들어 애물의 세 기둥을 깨운다

모양새는 단조롭지만 온몸이 기억이다

무심결에 들려오는 상념들
바람은 키를 낮추고
오후 세 시의 고요들 회상의 내력을 알기 위해 베란다 속을 헤맬,
가볍고 투명한 막대를 들어 세 개의 빛기둥을 친다

플룻

아들이 두고 간 플룻 하나
하루 종일
빈 구멍의 안쪽을 드나들며 은빛 시간을 보낸다
무료함이란 권태의 화성법을 참 잘도 알고 있다
호흡의 여린 파장과 잎새 같던 가을 한때의
푸른 손길을 잘도 기억하고 있다
플룻은 부드러운 족쇄다
멀리 밀쳐둘 수도 가까이 집착할 수도 없는 부드러운 구속,
나는 오늘도 선인장이 가시를 뱉어내는 소리를 듣거나
방금 우려낸 녹차 잎이
초가을 안쪽으로 느리게 가라앉는 풍경을 미루어둔 채
그 부드러운 무게에 호흡을 들이댄다
어느 순간 솜털처럼 떠오르는 아들의 잔소리,
미루고 있던 어스름을 켜고서 무뚝뚝한 밥솥의 전원을 뎁힌다

자귀나무
– 광교산에서의 한때

칠월의 길 한켠, 자귀나무가 꽃을 불러들였다
어느 계절에서 빌려왔는지 분홍의 기척이 별 곱다
한때 나 또한 사랑의 계절을 건너기 위해
러시아 문학에 **빠졌거나**
북방의 정신이 파랗게 이마로 몰린
사내의 이별을 추궁한 적이 있다
그 계절 속에서도 내 안의 추신들은 그에게 닿지 못한 채
저녁노을로 쌓이곤 했으나,
지나간 일은 모두가 다 자귀나무처럼 사라진다
겨울에 이르기 위해 버텨온 날들
나의 사랑도 저처럼 한때의 꽃을 꿈꾸거나
겨울의 이별들을 땔감으로 쓸 것이다
그렇게 나는 어떠한 산책도 꽃이 되지 못하는
7월의 광교산에서 한때를 보냈고
저녁이면 어떤 책꽂이가 먼저 잠을 깼는지
북방의 제목들이 수북이 쌓이곤 했다

오래된 귀향

아들이 돌아왔다
대학 입학과 군복무,
복학의 시간들을 보낸 뒤 9년 만의 귀향이다
거뭇하게 돋아난 수염 너머에서 뒤바뀐 밤과 낮
아들은 이미 오래전부터 한낮을 포기한 채
밤의 시민이 되어 있는 것이다
왜였을까 아들은 어쩌면
밤의 세상을 새로운 키부츠로 건설하고 싶은 것은 아닐까
이기주의를 따르던 한낮의 태양을 버리고서
성서의 깊은 속에다
새로운 나라를 세우고 싶었을지도 모를,
그렇게 9년 만의 아들이
한동안 침묵에 들었던
집 안의 불면을 수선하기 시작했다

외출 3
– 새들의 귀가를 점치다

낮밤이 뒤바뀐 아들
요 며칠 새벽잠을
오후의 잠 털 듯 가볍게 깨어난다
군 시절로 다시 돌아간 걸까
밤새 풀렸을 체온을 몇 번의 기지개로 맞추곤
어디론가 게 눈 감추듯 사라지는,
어디를 향하는 걸까
궁금증은 또 다른 궁금증을 찾아내고
그렇다면 아들 또한
제 젊음의 담장을 문지방 삼아 넘어오기 위해
새벽의 새처럼 둥지를 벗어나는 걸까
호흡들은 바쁘다
말의 숲을 넘나들거나 그 어귀에서 길을 잃을 때도
호흡들은 따뜻하다
더 낮은 추락을 모험하거나
또 다른 허공을 훔치지도 않는 오전 한때의 관습,
둥굴레 찻물을 올려놓은 채
잠깐의 나른함에 기댄 내 안으로
공복 속이라도 넘어온 듯 아들이 돌아왔고
밖엔 희미한 계급의 햇살이 푸르게 빛나고 있었다

어느 날, 아이가 플룻을 가져왔다

아이가 사춘기를 지날 무렵 구입해 준 플룻 하나
나의 외출이 길어질수록 아들의 방에선
불협화음들이 새어 나오던,
무서움을 잘 타던 아이는
가끔씩 침묵을 깨고 한동안의 잠행이 잦아졌다
숲속의 나무들과 예측할 수 없는 불안들이
아들을 숨겨주는 사이
여름이 가고 계절이 바뀌고 플룻 또한
일상의 쓸쓸한 서랍 속으로 잠적했을 것이다
본래 세월이란 아이 하나 키워주기 위해
플룻과 어른의 걱정쯤은 숲 저쪽으로 버릴 줄도 아는 법
그리고 언제였던가
키부츠에서 온 한 장의 사진 속, 분명
아들은 내가 오래전
아들의 성장을 그 플룻 옆에 놓아두는 동안
낯선 이국에서 세월을 연주하고 있던 것이다
그렇다면 어쩌면 플룻에 구속되어 산 쪽은 내가 아니었을까
먼 옛날의 서랍을 꺼내어 회상(回想)하는 사이
어느 날, 아이가 플룻을 가져왔다

시간이 사라진 적이 있었다

시간은 무법이다
무당벌레처럼 아무 데나 기어오르거나
소금 몇 줌 뿌려놓듯 서녘 하늘에 노을로 흩어놓는다
봄날 들꽃들의 한켠에서
지난가을의 우울을 유리 조각으로 빛나게도 하고
바람이 놓고 간 빈 술병들을
골목 밖 미니 슈퍼로 옮겨놓기도 하는,
언제부턴가 시간들이 종적을 감췄다
나무들은 서둘러
수액의 반대 방향으로 허물어지기 시작했고
그림자들은 저녁이 되기 전에도
오후의 저쪽에서 아무렇게나 되돌아왔다
자신의 졸음에 경건한 회상을 모으던 한 노인이
추억의 예언이라도 하듯
붉은 휘파람을 불기 시작한 건
그로부터 삼십 년 전의 일,
나는 어쩔 수 없이
역 광장의 비둘기들이 제 슬픔의 때를 골라
날개를 비우는 소리를 들으며 저녁의 집으로 향했다

분꽃 이야기 1
- 남문 골목

여름을 보낸 분꽃이 화분 하나 비워놓고
어디론가 사라졌다
이제 겨울의 찬바람이 그 안을 기웃거릴 것이고
모든 꽃들은 분지 같은 좁은 영토의 분재 속에서
허용된 시간만 피었다 진다
나는 생각의 일부를 손가락 끝으로 툭, 쳤고
창밖은 가을의 첫 풍경들이 느슨하게 지나쳤다
분꽃 이야기, 가을 햇살이 여우꼬리만큼 남아 있었다

분꽃 이야기 2
– 고등동 교정

가을이면
그 연약한 잎들 속에
큰 공 같은 씨앗들을 안고 있다
상상 밖의 단단한 정신들이 있다
깨알만 해도 놀라움으로 다가왔을 꽃들,
중학 시절이었을 게다
목요일마다 5교시면
내 안을 찾아들던 음악 시간
베토벤의 머리를 한 파마의 남자 선생님과
그의 열정 속에서 흘러나오던 운명 교향곡,
지금 와서 생각하니 그 어린 시절
내 가슴속에서 소리치던 음악 시간이야말로
가장 커다란 경악이었지
지금의 무딘 내 가슴속으로 찾아낼 수 없는
함성이었다

작은 언니

미국에 사는 둘째 언니로부터
전화가 왔다
자신의 생일을 축하받기 위해, 그러고 보니
언니의 생일이 맞다
나는 잠시 이맘때가 되면 자신의 생일 선물을 바라던
오래전의 한 소녀를 떠올렸고
어쩌면 그녀가 예순 초반의 생일을
외국에서 맞이하는 것도 그 때문이리라
메이플라워 같았던 그녀
자신이 마치 청교도라도 되는 양
몇 십 년째 낯선 이국의 시간들을 보내는 것 또한
우연만은 아닐,
어느 해 늦봄이었던가
뒤꼍 밤나무가 유월의 지루한 꽃에 붙들린 나른한 오후를
정물인 양 감상하던 그 풍경도
어쩌면 또 다른 나라를 꿈꿨던 것은 아닐까
그녀는 지금 미국에 산다 아니 지금도
유월의 밤꽃 그늘 아래에서 인계동 골목을 빠져나가거나

잔칫날 병풍 뒤 숨었다가 잠이 들기도 했던 그녀는
지금 망각의 세월 뒤에서 시간을 묵히고 있는지도 모를,
언니가 좋아했던 겨울꽃 한란(寒蘭), 그 청초한 꽃향기가
내 기억 속 나른하게 서려 있다

空心墩

마음이 시끄러운 날이면 공심돈을 찾는다
명리에 빠진 서책들과
당파로 얼룩진 속세의 허망 속을 가로질러
몇 걸음이면 엽전이 바닥나고 마는
저잣거리를 떠도는 일은 아직도
내가 충분히 오탁에 물들지 못했다는 반증,
세상의 어떤 공심이
덜 채워진 시끄러움에게 돈대(墩臺)를 내주겠는가
공심(空心) 마음도 더럽히지 못한 발길에게
공심돈은 제 안의 높은 자리를 내어주지 않는다
멀찍이 떨어진 능소화와
그 철천지(徹天地) 지루함을 휘돌아 온 바람이 아니고는
헛꿈만 빌다가 내려와야 하는 곳,
나 오늘 공심돈에 가려 한다
人界의 습관을 버리고
언젠가 화수지풍(火水地風)의 법도가 넘나들던
그 내력만 갖고서
세속의 마지막 성역(聖域), 공심에 오르려 한다

A4지를 스치며
– 장안공원에서

나는 가끔씩 종이 속을 들른다
5월의 햇살이
나의 생각들을 긴 그림자로
흘려놓는 늦은 오후나
길모퉁이 찻집을 오래전 노래하나 열고 나오는
흐린 기억의 젊은 뒷모습을 볼 때
나는 종종 수첩을 꺼낸다
그와 함께 커피 향이 묻어있는
어느 장르의 추억인지도 모를 후각을
장안공원 한켠에 펼쳐놓고서
다시는 되살아날 것 같지 않은
내 느낌들을 천천히 적어간다
지금껏 나는 어떤 추억의 분신으로 살아왔을까
출처를 알 수 없는 우연들을 떠올리는 동안
벤치 위 햇살은 노을로 바뀌기 시작하고
그렇다면 나를 여기까지 멀리 따돌리고서
몇 줄의 문장으로 위무하는 것이리라
나는 A4지를 접어 잠깐의 생각들을 써 내려간다

골목바람

길을 걷다가 걸음이 작아지고 싶을 쯤이면
나는 남문 골목을 찾는다
공복을 찾는다
먼지 낀 주소라도 짚이는지
주머니 속의 낡은 체온도 뒤적거린다
오래전 라일락이 피었다 졌을 담장 안과
계절이 지나칠 때마다
컹컹 짖어대던 녹슨 철문 앞을 한참이고 서성이다가
다시 목련으로 돌아올 타인의 앞마당을 흠칫, 살핀다
흰 사연을 길어 올린 뒤
오후의 빈혈에 빠진 목련나무
기억 속의 바람 한 줄기 찾아낸 듯
그 골목 바람이 종종걸음으로 뛰쳐나간다

텃밭

텃밭을 떠올리면 무엇보다 먼저 다가오는 게
어머니가 캐어놓기만 하고 점심 차리려 간 사이
소낙비에 깨끗하게 드러나면
그 몽글몽글한 흙 속의 시간들을 본다는 게 즐거웠습니다
다시 그 시간이 돌아오길 바라는 건 질서에 대한 역린임을 압니다
그럼에도 그 과거들이 내 상처투성이의 기억 속에
영원히 머물기를 바라는 것은…
그 텃밭이야말로 알몸으로 드러나는 감자들을 기억하며,
그 정갈함을 이루 헤아릴 수 없습니다
그리고
감자밭이 제 전공과목인 것을 모르는 듯합니다
전 평생 감자밭을 맨발 아니면 드나든 적이 없습니다
그 안을 소낙비가 들러서 감자들이 예뻤다고요,
그러나 저는 반대입니다
감자밭의 미학은 소낙비를 맞은 감자들보다
내 어린 날들에 곱드러지고
알프스 소녀 하이디 같았던 발가락이 더 예뻤음을 기억합니다
그럼에도 우리들 농경의 날들 속에서
어머니가 잠시 자리를 비운 텃밭의 풍경은
영원히 잊을 수 없을 듯합니다

솟대

한때 솟대 위에 앉아
세상을 기다린 적이 있다
다시 돌아오지 않는 과거들과
아버지의 젊은 시절,
텃밭 속에서 오후 내내 돌아오지 않는 어머니를
물끄러미 넘겨다보던 내 어린 시절이 있다

희망이란 발목이 저리도록 기다려도
쉽사리 날아들지 않는 파랑새 같은 것
그렇다면 아버지가 인계동 버스정류장에서
세상의 풍경들을 멈추어놓은 채
더디 오던 나를 기다린 건
새의 관습이었을까
발 저림 나무의 풍습이었을까

솟대 위에 올라 여전히 오지 않는
내 안의 무수한 나를 기다린다
사랑을 찾아 나선 뒤 소식이 끊긴 나와

어느 저녁 공중의 푸른 휘파람 소리에 실종된 후
아직도 돌아오지 않는 나, 그런 내가 긴 목을 빼고서
한동안 내 안의 또 다른 나를 기다린다

명아주

오래전 조부께선 줄무늬 오글오글한 지팡이 하나 사용하셨다
어떤 날엔 푸른 외출이 부러운지 봄 햇살이 질투했고
거나한 저녁 술 속에서 해거름이 길벗을 해주던
늘 분신 노릇을 하던 지팡이, 그러나 온순했다
흑백의 60년대를 헤쳐 오면서도 투덜거림 한 번 짚지 않았으니
많은 비와 외딴 길들이 어찌 즐겁지 않았겠는가
지팡이도 함께 나가는 건가요,
그럴 때마다 나의 유년은 망두산 그루터기 위에 이르렀고
먼 들녘 가까운 바람들이 명아주 하나 의지한 듯
건들거리곤 했다
말로만 듣던 공맹의 말들과
손목까지 내려온 할아버지의 푸른 정신이
혈관 속에서 금방이라도 깨어날 것 같은…
그러나 기억들이란 아주 오랫동안 동행할 수 없는 법
어느 날 할아버지가 종적을 감추자
모든 의문들은 명아주 지팡이에 모아졌다
가벼움의 단단함에 원망들이 모아졌고
누군가는 매초롬한 끄트머리에

낯선 풀물이 묻어 있었다고 주장했다
괴상망측한 지팡이, 남겨진 입들 속에서 설 땅을 잃어갔고
향긋하던 외출의 날들도 지워졌으리라

아주 오래전 할아버지를 데려간 지팡이 하나 있었다
햇살처럼 지루하게 내려오다 그 나른함의 어느 때쯤에선가
할아버지의 호통처럼 뭉클 맺히기도 하던 지금은 잊혀진 길벗 하나,
지금 막 건너편 숲으로 그 지팡이가 돌아왔는지
5월의 라일락 향기를 기억의 반대편으로 잔뜩 휘어놓고 있다

초록 운동화

운동화 하나 샀다
딱딱한 길들을 벗어버리고 풀밭 하나 샀다
새롭게 신는 길들이 다 그러하듯
모서리마다 낯설게 짓눌려온다
길에 물집을 내준 사람들만이 알고 있듯
새로운 길을 고른다는 건 쉬운 일이 아니다
더구나 그것이 초록이라면
한동안은 풀밭 저쪽의 염소 뿔과 몇 개의 그루터기들
주인 끊어진 오두막의 낯선 두려움에
마모되겠다는 다짐일 것이다
이슬들이 코끝에 걸리고
몇 줌 갈증이 느리게 실밥을 드러내는,
나는 어린 날 인계학교의 가을 운동회로 돌아가
한달음의 숨 가쁨과 응원 소리와
코스모스 울타리를 에워싼
벌들의 웅웅거림을 신고 있는 듯한
향긋한 환상을 옮기고 있는 것이다
상상 가득 묻어나는 흑백 저쪽의 날들을 초록 운동화,

사뿐한 무게에 옮겨놓는 것이다
그 아스라한 풀밭 안을 헤매는 일
이쯤 어딘가가 바로 그 초록 운동화를 잃어버렸던 곳은 아닌지
자, 한번 신어볼까

금지된 장난

어릴 적 조부께서는 말씀하셨다
담배를 배우려거든 큰 나무 밑을 찾으라고,
그래서 찾았던 곳이 망두산 밤나무였다
저 아래 인계동 눈길들을 이파리 몇 개로 가리고선
한 개비 교훈에 불을 붙였을까
어지럼이 폐를 메우기 시작하고
몸속을 휘돌아 나온 연기는
어느 것이 하늘인지 모르는 듯 핑글,
밤나무도 못내 어지러운지 나를 부둥켜안고서
하얀 숨바꼭질만 익혔지
세상이 하얬던 시절이었다
가까운 그루터기만이 어지럼을 물고 있는 듯
잘 잡히지 않는 나이테를 피워댔고 그 순간 나는 생각했다
그렇다면 저 그루터기도 멀미 때문에 주저앉은 건 아닐까

어릴 적 조부께서 말씀하셨다
담배를 배우려거든 큰 나무 밑을 찾으라고,
교훈 몇 모금 가려줄 이파리 후미진 나무속으로 깃들라고,

이제는 재개발에 밀려 흔적조차 지워진

그 옛날의 밤나무 하나

오늘은 큰 길 하나쯤 건너 그리움을 만나고 싶다

가시엉겅퀴 1
– 麥稈工藝家 白松과의 因緣

힘주어 바라봐야 겨우, 꽃이 되었다
어떤 날은 보랏빛도 그 무엇도 다 귀찮아 더 먼 길을 헤맸다
속상한 바람이나 잠시 들를 뿐
심지어는 오솔길조차도 곁눈질을 하지 않았다
그 소년은 분명 개울 건너 오두막을 드나들었다
때로 먼 곳의 말뚝이 박힐 때처럼
그 소년의 촌티는
내가 외면한 한참 뒤에나 내 마음속에서 울렸다
엉겅퀴, 참으로 콧물을 많이 흘리곤 했었다
그 아이의 교실은 가끔씩 외딴 밭이었고
나는 못마땅한 마음을 애써 숨기며
그 아이의 복도, 밭고랑까지 찾아가곤 했었다
선생님이 건네준 과제물을 낼름 던져주곤
속상한 바람처럼 달려오곤 했을,
그 아이 지금도 그 기억의 모퉁이에서 피어 있을까

수수꽃다리 2

도대체 저 꽃들은 어느 주소를 찾다가
담장에 기댄 망각들일까
라일락이 제 향기를 적시고 있는
조용한 골목을 지나다가
나는 기억에 빠진다
라일락은 늘 기억이 방심하기 좋은 곳에서
나를 덮친다
늑골을 헤집는 향기에 쫓겨
오도 가도 못하는 내 안의 호흡들,
순간 인계동 골목 안에서
마지막 언어들을 피워내던 작별의 인사가
햇살에 말라붙는 느낌을 향해 나는 걷고 있었을까
온몸에 현기증이 다리로 모이는
아스라함의 끝에 이르러 뚝, 멈추고 마는 첫사랑의 환영들,
나는 또다시 봄의 바람을 만나고
내 잃어버린 주소의 골목 안을 걷다가 라일락과 또 만난다

느티나무

다시금 5월의 안으로 들어선다
겨우내 말라붙었던 둥치의 일부가
고뇌를 흘려내기 시작하고
그것들 중 얼마간은 새로운 날들의 예감인 듯,
느티나무 아래에선 지난날을 함부로 헤아려서는 안 된다
그 불안스런 속으로 바람이 들르고
이름 모를 노래가 들르는 동안에도 새들은 눈에 띄지 않는다
보이지 않는 것들이 황홀하다
내 안에도 몇 줌의 노래들 푸른 화상을 입고
비늘처럼 빽빽한 봄날의 나무 밑,
모든 추억들은 그 안에서 복면을 뒤집어써야 한다
먼저 들렀던 과거가 침묵을 저당 잡히곤 사라지고
기억의 둘레를 돌던 계집아이 하나
푸른 휘파람에 이끌려 오월의 바깥으로 사라진다

다시금 느티나무 안으로 들어선다
겨우내 얼어 있던 이야기의 일부가 동파되어
끈끈하게 흘러나오는 5월의 안쪽은 어슬렁들의 천국이다

하모니카가 푸르러지던 돌방석
삼촌의 월남전이 얘기되던 여름 한철의 장마와 장마 사이,

느티나무 안은 그것들의 천국이었다
오후 2시
나는 슬리퍼가 이끄는 대로
누군가의 추억을 더듬듯 그 안으로 든다

바람개비

六祖 혜능에 이르러
세상의 모든 깃발들과 바람은 싸움을 멈췄다지
그렇다면, 내 사랑의 흔들림은 불혹에 이르러서야
기억과 망각의 싸움이 멈추는 것인가
바람이 분다 어쩌면 가슴이 불었을지도 모를,
오후의 모퉁이에서 현금을 인출하는 동안에도
나는 마이너스 통장뿐인 사랑의 분량을 고민해야 했다
떠나는 것들은 모두 다 돌아오는 것인가
어떤 부메랑도 바람 없이 돌아올 수 없을 것이고
나의 회상도 흔들림 없인 되돌아올 수 없었을 것이다
아이가 접어놓은 바람을 들고 나가 세월의 행방을 겨누어본다
왜일까 좀처럼 돌지 않는 바람개비 하나
천천히 아주 천천히,
사춘기가 퇴화된 명치께로 바람의 행방을 더듬어가다가
문득 깨어나는 열여섯 봄의 하루
열꽃이 돋던 손거울과 내 현기증을 숨겨주던
인계동 골목 안 라일락
그 너머에서 아스피린처럼 서 있던 사내아이가 훅, 들어찬다

한순간 내 목덜미로 감기던 붉은 수줍음과 그 아이는 몇 년을
함께 했을까

六祖 혜능에 이르러
세상의 모든 깃발들과 바람은 인연을 멈췄다지 그렇다면
불혹에 이르러서야
기억과 망각의 싸움을 멈추는 내 사랑의 속성은 도대체,
어느 곳에 켜있던 바람일까

도라지꽃

집 뒤 산자락을 넘어가자
한달음에 마주친 도라지꽃들
때마침 내렸던 비 때문인가
보랏빛 흰빛만 남겨놓고서
제 안으로 숨어버린
내 오래전의 기억들,
서로 다투어 이미 중년이 된 나를 향해
애틋한 고개를 들이민다
터트려 줘,
내 유년의 도라지들이 낮잠에 든 나를 불러내어
하나하나 제 향기를 열던 그때의 그 모습이다
서로 가슴을 숨기다가 수줍음 깊이 볼우물만 그리던
어느 소년의 비온 뒤 오후 같은, 그런 도라지꽃을
나는 망두산* 너머에 풀어놓고 있다

*수원시 인계동 생가, 마루터기

풍선초
– 조각보세상공방 친구네

어쩌다 들어선 행궁골목 안
낯선 꽃 하나 보았다
초라한 꽃에 비해
큼지막한 주머니 하나씩 품고 있는,
넝쿨들의 생애가
칠월로 넘어온 과거의 인연들이
저토록 무성하다
예나 지금이나 세상의 모든 갈등들은
7월의 푸른 도장에 찍히고서야
제 갈 길을 정하는가 보다
풍선초가 무엇이던가
칠월 한낮, 골목 안
영혼을 불어넣어 저리도 부풀리고 있는,
비가 오거나
가뭄이 들어찰 때에도
푸른 풍선들이 점점 비대해진다

클로버

언제부턴가 길을 걸을 때마다
풀밭 속에서 중얼거리는 소리가 들린다
처음 몇 번은 풀들의 사소한 기척이겠거니,
무관심한 산책이 오고 가는 사이
차츰 고개를 들던, 네잎 클로버였다
학창시절을 끝으로 오랜 세월 해후도 없이 지낸
저쪽의 인연들,
더 낮아져야 찾아낼 수 있던 안부였다

전쟁으로부터 고개를 숙이지 않으면
만날 수 없는 행운,

세월은 흘러나와 함께 하는 건
오직 산책밖에 없는 오전
내가 느린 호흡으로 걷는 동안
네잎 클로버가 나를 찾아낸 건
내가 학창시절에 발각되었다는 것
더는 그런 시간들로부터

숨어다닐 수 없게 되었다는 최후의 통첩,
나는 그 행운이 미행할 수 있을 골목을 지나
집으로 발길을 돌린다

수세미 2

잠깐의 세월 속에서도 빨랫방망이들이 들려 있다
지각생 꽃들 노란 주책으로
가을의 한켠을 주렁주렁 붙들고 있는,
이제 설거지들은 밀려도 되리라
기름진 그릇과 찐찐한 냄비들
이튿날이 되어도 줄어들지 않는
느끼한 숙취까지 걱정이 없는 것이다

수세미가 익었다
담장 안팎의 묵직한 열매들을 매달고 있는,
게으름의 껍질 속 한가득 들어찬 섬유지들
흰 거품을 풀기 시작하고
이럴 때 나는
여름내 푸른 기름때를 닦지 못한
공중의 태양까지도 걱정이 없다
오래전 긁힌 기억마저도 걱정할 게 없는, 팔을 뻗어
한동안 잊고 산 기지개를 오후 바람에 날린다

*어릴 적 할머니께서는 매년 수세미를 한해 농사처럼 일구셨다.

오후의 낙서

1

어린 시절
고무줄놀이 속에서 산 적이 있었다
그럴 때마다 태양은 황혼이 되었고
그때마다 나를 부르던 어머니의 목소리는 지금
어느 구천을 떠돌고 있을까
그리고 나는 기억한다
그 이튿날 사내아이들이 더 많은 악동이 되어
몰려왔었음을,
다시는 돌아갈 수 없는 세상이 그립다

2

고무줄 하나만 갖고도 그처럼 화려한 놀이문화를
창조할 수 있는 민족은 우리밖에 없을 듯합니다
굶주림 때문이었을까요
고무줄 위를 그렇게 가뿐, 뛰어다닐 수 있었던 건
어쩌면 그 시절의 성장기가

공복이었기 때문인지도 모른다는
역설까지 하게 됩니다
그 고무줄들이 지금은 다 어디로 갔을까요,
한 번 찾아봐야겠습니다

3

유월의 이야기들은 참 보관하기가 어렵습니다
여름은 길 것이고 방금 닫고 나온 봄날의 기억들은
나를 도와주지 않기 때문인지도 모릅니다
그래서 유월엔 애증의 사연들이 적기를 바라며
살아왔습니다
내 영혼의 오두막을 덥히기 위한
고단한 장작들도 덜 패기를 원하다보니
유월엔 태양이 길어지는 것도 다 쓸모가 없습니다
지금 그런 유월을 보내고 있는 것 같습니다

4

가을은 구름들과 함께 흘러간다고 했던가요
그리고
그 많은 열매들이

낡은 창고 속으로 숨어든 것도
햇살을 운반하기 위한 작은 예의였을까요
이제는 모과열매가 나무를 버리고
창가로 왔습니다
내가 회상(回想)을 즐기기에 좋았던
창(窓)의 일부가 향기로 바뀐 것입니다
이것 참 큰일이 아닐 수 없습니다

5

가을이 되면 공교롭게도 이별의 사연들이 몰려옵니다
풀꽃들이 작아지고
바람의 언어들이 무언가 허공의 행방을 물으려다가
이내 새떼들 속으로 지워집니다
이 세상의 귀한 것들은 다 풍경소리처럼
인연의 무게와 헤어지는 일,
지는 풀꽃 하나에도 그리움이 있다는 것을
말해주고 싶었을까요
아주 갑작스런 추위가 몰려왔고
누군가에겐 느닷없는 삶의 풍경이 몰려온 듯합니다
햇살은 곧 돌아올 것이고, 이별의 날들은 창대하겠지요
문학이 어디에 거처해야 할지
잠시 거실 창 속에 화두를 맡겨봐야겠습니다

할머니와 나

어린 시절
할머니의 손맛은 시렁 위 곶감 같았다
메마른 날, 바람 부는 날에도
달착지근한 기운이 가득했던,
손은 멈추지 않았다
나의 오후가 시장기에 눌려 있거나
공상처럼 핼쑥할 때
곶감처럼 꺼내어지던 손맛
나에게 있어 할머니는 뒤꿈치를 들어도 닿을 수 없는
선반 위 사연 같았다
고개를 빼지 않으면 넘겨다 볼 수 없는,

그러나 할머니 손에도 없는 게 있었다
밤이 되면 부쩍 쇠락해지던 한낮의 온기,
할머니의 손은 시렁 위 곶감처럼 까마득했다
사방치기를 빠져나온 내 오후가 체하기라도 하면
어느새 쓰윽,
땅거미처럼 내려오던 할머니의 손길

어머니와 항아리

콘크리트 장독대 위
오래 애지중지 아끼던 항아리 하나
어느 때나 소홀하지 않았다
마른 행주 검어지도록 닦으시던,
어머니의 일생 또한
깨지지 않을 깊이로만 얼비치다가
멀어질 것을 그러나 나는 안다

해마다
장독 뒤 숨바꼭질도 하얗게 익히고
지짐돌에 눌린 장아찌도 깊은 맛들여주던,
평생 한 자리에서 발자국 소리를 닦고
내 마음속 당신을 풍금소리처럼 닦곤 하셨다
아무리 닦아도 지워지지 않던 한 여인의 기척
그리하여 늦봄의 장독대엔
아직 꺼내지 않은 말의 슬픔들이 있고
담장을 잘못 넘어온 뻐꾸기의 붉은 나른함이 있는
쉿, 어머님은 어디에 계신 걸까

보자기

내겐 아주 특별한 보시 하나 있다
봄날이면 덜 핀 목련꽃 저쪽
해마다 주고받는 안부 크기의 친구 집 된장을 나르기도 하고
가을이면 눈물 콧물 뒤집어쓰면서
시골집 고춧가루를 햇살 나르듯 사뿐 감추어주던 꽃무늬들
덧없는 손길의 타인 속 주소를 헤매거나
영영 되돌아오지 못할
미구의 세월 속으로 헤져가기도 하는,

보자기의 생애는 어쩌면
꽃무늬가 타인의 체온을 알뜰한 모서리로 뒤집어쓰는 게
천성일지도 모를 일
나에겐 집 안의 남은 인심과
바깥 저쪽 무소식의 친구를 꼭꼭 깨워주는 보시 하나 있다
오래도록 그가 기억해 줄 빛바램과 또
그만큼의 부피로 돌아올 사연들이 있다

보자기는 부메랑이다
꽃의 날들 어느 때쯤에서 주섬주섬 되돌아올
그런 푸른 신호의 기별이다

구절초

누군가는 어머니 같은 꽃이라 했다
누군가는 아예 어머니라고 했다
마을의 그리움이 보이는 날
아니 기억의 원근법만 갖고도
마을의 어머니가 보이는 날 나는
구절초에게로 간다
아니 구절초가 슬그머니 나에게로 온다
그러나 구절초는 수학 공식이 아니다
단답식의 그리움이 아니며
바람의 공식을 집어넣어야 열리는
흔들거림도 아니다
내 어머니가 있어 나의 어머니가 되지 못한 채
지는 꽃,
누군가는 어머니 같은 꽃이라 했고
누군가는 지우개를 빠져나와 칠판 밑에 쌓이는
수학 시간의 분필가루 같다고 했다

그 꽃의 본적은 산모퉁이며
그 꽃의 현주소는 내 가슴속이다

우기 2

망초꽃을 보았습니다
가끔의 바람 속에서 웃음을 내놓곤
또다시 지워지는 꽃
홀로 돌아가기엔 너무 작아
깊숙한 오후를 무리지어 떠돌고 있는,
망초꽃을 보았습니다
아니 어머니를 보았습니다
백설기 속에 노란 호박을 썰어
한겨울 허기를 덜어주던
어머니의 과거를 보았습니다
어디 강이 되려다 강이 되지 못한 채
돌아오는 망각으로 그친 세월이 있을까요
마른 가뭄이라도 지나치는지
허공 저쪽이 하얗게 지워지는 걸 느끼며
나는 몇 줌의 우기를 손가락 끝에서 헤아려봅니다

밤하늘엔 별들의 천형이 있다

낮고 지루한 날들을 보낼 때마다
나는 지상의 소문을 벗어나 밤하늘을 본다
널찍한 어둠과 외딴 공상들,
어느 오후
누군가 날려 보낸 푸른 휘파람의 행방을 살핀다
별의 잡담과 지난 저녁
태양의 마지막 유언을 곰곰이 되씹으며
한 사내, 별들의 산파였던 코페르니쿠스를 떠올린다
밤마다 어둠을 헹궈내며
알콜기 짙은 천형의 날들을 우악스럽게
지상 가까이 끌어내리던 악몽을 기억하는 일,
장미가 메말라져야 어둠 속의 불륜을 고백해주던
몇 개의 성좌들을 침묵하는 사이
천형은 불문율로 변해갔고
아! 세상 그 무엇으로도 바꿀 수 없는 별들의 기적
나는 밤하늘을 바라볼 때마다
찬란한 행성들의 운행과 이 땅에 공존한다는 사실
오래전 지구가 둥글다고 외친 지동설을 꺼내어
아득한 밤하늘의 시간을 측정해본다

백합
− 親舊 白娟

보고 싶을 때 언제나 볼 수 있던 친구
흰 카라와 젊은 베르테르의 슬픔 같은 눈빛과
윤기 나는 복도의 마루 끝 저쪽에서
한순간 사월의 교정으로 모습을 감추곤 하던,
내겐 그런 친구 하나 있었지
고독이란 한밤중의 창가에 켜놓은 릴케의
시집 같다고 하던,
우리가 늙는다는 건 먼 훗날의 추억이
잉크를 찍어서 써 내려갈 비망록 같은 것이라던
그러나 너는 시월의 정원을 지나쳐
내가 알지 못하는 세월을 들러야 했고
그러한 사이에도 너는 내가 호명할 수 있는
지상의 유일한 백합이었지
이젠 고전이 되지 않으면 안 될 너의 윤곽들

돌아오는 주말엔
내 안의 오래전 너를 찾아
몇 개의 시내버스에 늦가을의 나를 띄워도 좋을,

2부

오래된 재회

냉이꽃

약속이나 했을까
몇 무리 사연이 일제히 깨어난
논두렁이 환하다
겨우내 실뿌리 하나씩 딛고 버텨온,
나는 고요해지고 오후는 한순간
나보다 빨리 봄의 현기증 속을 내달리는
방금 전의 논두렁들
냉이꽃을 만나는 일은 어머니를 돌아보는 일이다
내 가슴의 문서에는 냉이꽃이 있다
언 땅을 녹이며 피어나는 수수한 이름
완전한 사랑이라 했던가,

내 어머니도 평생 저처럼
후미진 등 뒤에서 피어나곤 했지
봄날 보일 듯 말 듯 비가 오는 날이면
문득 다가서고픈 내 사랑 하나 있다

雨水

텃밭을 차지했던 햇살 속으로
오후의 눈발이 넘어오고 있었다
지난날들의 메마른 이름들이
흰 기척에 지워지기 시작하고
가까운 정원의 골프공 하나가
뭔가 잃어버린 홀컵이라도 찾는 듯
보풀 풀린 눈송이를 녹이고 있는 한때,
나는 겨우내 넘기지 못한 들판을 바라보면서
방금 켠 물속에 생강 몇 줌 띄운다

西湖 1

2월로 넘어온
비오리 몇 마리가
물속의 날들을 자맥질하다가
기지개를 켠다
마치 잠 속을 뒤적거리기라도 한 듯
월동에 들어가지 못한
물들의 졸음을 몇 모금씩 마신다
몇 마리들은
추억의 길이라도 더듬듯 날개를 펼치며
서로의 소통이라도 하는 걸까

그리고 보면 저들에게 물이란
사생활과도 같은 것,

오늘은
내 안 찾아온 슬픔들을 말리듯
서호에선 햇살 내음이 난다

西胡 2

버드나무 줄기로 길게 내려왔던 팔월이
물 위를 단념한 듯
구월의 햇살을 붙드는 한때
바람이 지나칠 때마다 햇살이 부스러지는 잠깐 동안의
동요를
버드나무는 더 이상 훔치지 않는다
서호저수지,
보이지 않는 곳에만 물이 있는 게 아니라 물들의 천국이다
봄 내내 시인 묵객으로 지낸 몇 개의 줄기들과
가느다란 시름도 몇 줌의 오후를 지나치다가
문득 가을이 왔다
물 위에도 바람의 길이 따로 있음일까
어느 수면은 바람이 들른 적 없는 듯
고요히 미궁에 빠져있고
가장자리 수면은 물결을 발칵 뒤집고 있는,
해마다 나는
보이는 것과 보이지 않는 경계를 찾아내기 위해
이곳으로 온다

물속에도 바람의 오지가 있다는 것
그리하여 나는 바람에 떠밀릴 때마다
波紋을 깨우며 이리저리 가을의 행방을 뒤적이는
이 기슭으로 온다

가을의 물은 한여름 쓰다가 만 비망록이다
그리고 햇살들의 대합실이며 추억의 저장고,

나는 잠시 서호의 한 풍경 속에서
저 호수에 빠진 내 상념과 구름들을 살피며
나지막한 오늘의 오후를 건넌다

수면을 위한 소묘
– 서호 저수지

물오리 몇 마리 수면 위를 서성인다
햇살 기름진 물결을 너울너울 주억거리며
3월의 끝, 사월의 부력이 턱밑까지 들어차는 저수지 안을
공터처럼 서성인다
때론 이따금의 바람에도
제 위치를 오후의 가장자리까지 옮기며
숯도막처럼 가볍게 인화의 날들을 버서적거리는,
그렇다면 오리들
저 물들의 아궁이 속에 어떻게 갇혔을까
출구를 찾은 떡붕어 한 마리 펄떡, 솟는다
물고기들의 길은 물이 내준 분량이 아니라
달빛이 내준 침묵의 통로다 그리하여
어떤 물고기도 물을 내뱉는 게 아니라 달의 내막만 빠끔거릴 뿐,
서호 저수지
수평의 날들을 지켜온 물의 대합실은 햇살들의 자맥질로
오후 내내 반짝거린다

사철쑥
― 茶囂軒, 친구가 불러준 별명

자꾸만 되돌아보게 하는 멍이 있다
내 생의 아픔들이 푸른 침묵으로 닫혀야 하는
상처들이 있다
그래서일까,
초등학교 남자 친구가 내 이름을 캐내어
불러주던 별명 쑥,
나는 가끔 겨우내 견딤의 바람과
노을을 꿈꾸던 사연 한 덩어리만큼씩 꺼내어본다

쑥들과 소슬한 바람
오후에서 오후로 기울어질 때의 들녘엔
햇살들로 눈이 부시다

철쭉을 피우다

우연일까 망울만 벗었던 철쭉이
아버지의 상을 마치고 난 뒤 활짝 붉어 있다
조화로 들어온 꽃들 다 모아
철쭉을 만개시켰을지도 모를 아버지의 길
그 삶의 끝을 아버지는 어떻게
철쭉 몇 송이에 심으신 걸까
음력 삼월 하순에 집안일들이 뇌리를 스치는 동안
철쭉은 더 붉을 길이 없는지
먼 옛날 아버지가 그으시던 붓끝의 획에 붙들렸음일까
어쩌면 철쭉은 아버지에게 있어
붉은 유언이었을지도 모를 일이다
다시는 오지 못할 지상의 봄에다 작게 새겨놓고 간
한 줌의 혼(魂)일지도 모를,

뒤늦게 문상 온 평생 한학지기였던 한 노인의 꿈 얘기가
오후의 끝에서 마냥 붉어지고 있다

烏竹에 기대어

나이가 들어 오죽(烏竹)을 꺾기 전에는
지팡이의 본질을 알지 못한다
푸른 마디의 세월이 검은 망각의 빈 마디에 들어서야만
비로소 풍경이 아닌 인생의 무게를 나누어 딛는
지팡이의 길이 보인다
걸음과 걸음 그렇게 출발된 오랜 행방의 모퉁이에서
문득 찾아낸 지팡이 속엔 평소 들르지 않던 남문골목들이 많다
꽃집이 있던 세 번째 골목과
한 시절 벗을 만날 때마다 들르던 허름한 식당 그리고
옛 음악이 흐르는 카페를 지나쳐
택시 승강장에 이르러 종적이 감춰지는 흔적들이 있다
그러므로 지팡이의 최상품은 과거가 비워진 대나무
그중에서도 검은 마디의 품골을 제일로 친다
청청한 걸음만 타내지 않고
세월의 본성을 검게 지워버리고 나온 오죽이어야 하는,

아버지의 벗이었던 지팡이 하나가 이제 먼발치께로 물러났고
세월을 거슬러 오르는 가파름 속으로
오래된 지팡이 하나 있었음을,

잃어버린 단서 1

무궁화꽃이 피었습니다

아무도 보이지 않는다
다들 숙제하러 갔을까
마을 반대편 앵두 따러 갔을까
좀처럼 돌아오지 않는 술래들
발이 저려오고 땅거미가 친구해주러 와도
도무지 나타나지 않는,
그날의 무궁화 꽃은 끝내 술래를 만나지 못했고
검정고무줄 끊어진 한 도막처럼 외로움만 건네줬을까

무궁화꽃이 피었습니다

내가 데미안이 되기엔
세상의 한낮이 너무 길기만 했던 하루
파우스트도 좁은 문도 녹슨 안테나를 아무리 돌리건만
나타나지 않는다 다들 어디로 간 것일까
도서관을 뒤지고 오월의 장미꽃을 들춰봐도

좀처럼 풀리지 않는 의문들, 무궁화 꽃이…
중년이 되어서도 나에게 돌아오지 않는 무수한 무궁화꽃들
금년에도
내 술래의 날들 속에서 무소식 몇 송이 피어났습니다

잃어버린 단서 2

화서역 앞, 세월의 행방을 기다리는 무궁화들이
창백하다
7월은 갔다 약국에서 조제한 몇 알의 불면과
잘못 구입한 물먹는 하마 속에서
7월은 끝이 났다

무궁화를 볼 때마다 왜 내 뇌리 속에선
아버지가 피는 걸까
그날에나 지금에나 한번 핀 무궁화는
끝내 지고 만다
아버지의 젊음을 지켜냈던 애국이라는 장르도
내가 몇 번 돌려보낸 빈칸의 행방처럼
쓸쓸하다
화서역에서 무궁화를 만나는 건
아버지를 피웠다 지우는 일이다
아버지를 그리워하고 애도(哀悼)하는 일이며,
때론 8월의 사연들은
화서역에 들러서야 꽃이 되거나 아버지가 된다

〉
지금 천안행 열차가 들어오고 있습니다,

안내 방송이 끝나기도 전에
나는 한동안 쥐고 있던 아버지의 기억을 체크하며
전철 안으로 들어선다

질경이

그 길에 들어서면
질경이들이 흰 고무신을 이끌고
이곳저곳 헤매 다닌다
길은 금세 푸른 물이 들어 상처처럼 향긋해지고
나는 어떤 공상으로도 벗어날 수 없는
질경이들의 탄력과 낮게 짓밟혀야 더 잠언이 되는
그들만의 억눌린 상념들을 헤아리며
곡선의 사연이 주는 대로 발길을 옮긴다
질경이 속에서 직선을 찾는 일은 불구의 죄악이다
황혼 저쪽을 헛기침 몇 줌으로 걸어오던
오래전 아버지에 대한 불길한 규범이며
내 젊은 시절 자주색 가방이
공복의 교과서를 침침하게 밝히며 돌아오던
저묾에 대한 무례한 반란이다
내가 길을 잃을 때마다
나에게 푸른 징검다리를 내주던 망두산 질경이 노둣돌들은
과연 누구를 향한 길이었을까
세월의 무게들을 덜어내고서

초저녁의 질경이들이 내주는 오솔길을 걷는 일은 침침하다

얼마 전 홀연히 떠나신 아버지의 올곧은 정신 하나,
나는 질경이가 돋아 있는 굽은 길을 따라 돌아나온다

柳下白馬圖
– 방화수류정의 풍경

바람의 붓칠이 놀랍다

고요의 한컨이 연둣빛이라도 놓쳤는지

몇 개의 줄기가 만연체로 흘러내리고

이럴 때 나는 세상 저쪽에 두고 온

바람의 잠언을 떠올리며

그 나머지의 버드나무를 받아내기 시작한다

아니다 저 버드나무

백마가 그 안에 묶이기까지는

야성의 세월을 갈기 째 흔들었거나

스스로는 메아리가 될 수 없는,

다시 바람이 몰려왔고

유월의 오후, 백마는 발목을 묻은 채

한 폭의 그림 속에 있는 듯하다

華虹門 1

무지개의 날들이 아름다웠다
내 유년의 어느 비개인 오후
그때마다 나는 이곳을 찾았고
삐걱, 문을 열면 깨어나던 화홍의 무지개
약속이 약속에게 돌아와
내 비 그친 가슴의 경이로움을 물들이는 건
아주 잠깐이었다

바람은 낮게 흘렀을 것이다
오월 저쪽의 아이들은 누군가에 떠밀리기라도 한 듯
얼마 전부터 흔들리기 시작한 치아의 공상처럼
내 몸을 붕 띄우곤 하던 날들의 나,
비 그치고 바람 조용한 날을 골라 화홍문을 찾는다
아직은 어떤 친구도 돌아오지 않는 기억의 단청
그 한 모퉁이에 서서 오지 않는 유년을 기다린다
개나리 진달래 빠르게 지나치는 인계동 쪽 경적소리 너머,
여적 보이지 않는 세월을 넘겨다보는 일
그렇게 나는 연꽃 몇 송이 피어나 말라붙는 화홍의 한때를
꿈인 듯 가로막은 채 서 있었다

華虹門 2

바람들은 그 무지개,
비밀의 문(門)을 찾기 위해 이리저리 흔들렸고
한순간 통과한 바람은 물의 속도에 젖지 않았다
무지갯빛 시간들이 늘 깨어 있고
두꺼운 세월을 고스란히 안고 있는 저 기억과
작은 열망들은
한순간 멈출 수 없던 그때 그 순간의 호흡이었다
그렇다면 그 시간 속으로 들어갈 열쇠는 어디에 있는 걸까
바람의 바깥엔
그냥 지나치지 않던 호흡들이
언제나 빛나던 햇살로 빠져나가던 곳
나는 또 다른 절망을 배우기 위해 사람들의 말을 버리곤 했다
내 안 가득 지배하던 유년의 단상들, 나는 바람이다
그 낮은 곳으로 흘러가 영원히 작아지고 있었고
방금 비가 그치고
그 칠석문(七石門) 앞에 한동안 유괴되곤 했다

기억을 달이다
― 연무대

이곳 어디쯤이

내 유년의 어느 오후가 담겨진 곳은 아닐까

들꽃들이 길벗을 해줘서 이르게 된 곳, 연무대

흔적이란

허공의 날들이 지나면 곧 지워야 될 과녁 같은 것

걸음을 뗄 때마다

풀밭들의 느슨한 가파름 속에서

묻어나는 팽팽함의 증거들

그때 내가 쏘아 올린

워즈워드의 초원의 빛과 좁은 문은 이제 없다

모든 망각들은 과녁을 원하는가

누군가 세월의 시위에라도 당겨졌는지

눈길을 저녁노을 쪽으로 겨누었고

내 가슴속에선 알 수 없는 긴장만이 쉿,

歸家

어머니의 새 눈이
우기를 헤집으며 길을 간다
예약한 날에 맞추어 수술하고 나온 오전
어머니는 한동안의 희끗해진 세상을 방치하며
여든 다섯의 세월까지 오셨다
먼 옛날 눈감고도 다듬던 텃밭 속의 푸성귀들을
하얗게 놓친 채
노후의 시력을 치매처럼 달고 살았다
리모컨은 점점
큰아들과 작은 아들 사이에서 채널을 놓치기 일쑤였고
올이 풀린 희미한 기억의 모서리를 빤히 넘겨다 본 채
실 하나 꿰는 일마저
낙타가 바늘구멍을 통과하기보다 어려워하던,
바로 그 어머니가
불편했던 눈 속의 흰 세상을 걷어내고서
7월의 빗속을 건너가고 있다

− 2016. 7. 12 어머니와 나

텃밭 2

그곳의 주인은 바람이다
때 묻지 않은 햇살이다
철조망 울타리에 소매 끝을
상처 하나 입지 않고 들어온 여름이며
소낙비 한 줄금 볼기짝으로 덜고서 떠나는
미지근한 구름이다

세상을 살아가면서 나는
텃밭의 소인이 찍히지 않은 사람을 믿지 않는다
호미질 소리와
어느 쯤엔가 세월의 고랑을 차지하고서
오후 내내 오지 않는 그리움을 기다린 적 없는 사람과는
사귀지 않으며,

세상의 모든 텃밭은 그리하여
오래전 내가 두고 온 날들의 어머니 같다

거대한 앨범

가끔씩 먼지들의 페이지를 들추는 건
과거를 소급하는 일이다
흑백시절로 점철된 아버지의 젊음을 풀썩,
헤집어보는 일이다
패랭이꽃은 언제나 나의 사진첩이
먼지를 피우기 전 지고 만다
나는 그 사진을 넘기기 위해 들녘까지 걸어 나가
며칠 동안의 불면과 그리움의 힘으로
패랭이 청년이 꽂힌 페이지를 찾을 때가 있다
그러나 모든 기억들이 들녘으로 걸어 나가
사진첩에 꽂히는 건 아니다
나의 성장기도 대부분은 그곳에 위탁되지 못한 채
소읍(小邑) 속을 헤매거나 저녁 저쪽으로 실종되곤 했다
모두가 다 아버지의 앨범 때문이었다
먼지들이 지켜내고 있는 젊음 때문이며
그 가파른 숨 막힘에 안으로 들어갈 수 없는
내 안의 방황 때문이었을지도 모를,
어제는 바로 그 사진첩 속 비가 오는 들녘 한켠에서
먹먹한 가슴으로 찾아냈었다

흙과의 동거
– 텃밭 사람들

어두운 한구석 중년의 사내 하나
흙의 단서라도 찾는 듯
몇 줌의 반죽을 늘렸다 뭉쳐내곤 한다
가끔씩은 온 힘을 다해 메어꽂기도 하며
태초의 형상을 꾹꾹 추궁하고 있다
늑골 속의 기적을 불에게 바치기 위해
손끝에 머물던 조금의 떨림까지도 깨운다
한번 불이 되지 못한 것들은 햇살을 용서할 수 없는 법,
돌이켜보면 저것들은 어둠 속에서 나와
다시금 내부로 돌아가려는 오래된 귀향이다
잠시 흙 속에 빠져있던 그 사내
성서의 살점을 발라내고 말리며
더 단단한 말씀이 되어 갔고
밖엔 어느새 작은 불빛들이 모여들고 있다

홍 갤러리
– 장안 사거리

여백 하나 마련했다

작은 졸음과 명상이

저녁의 바람에 턱을 괴어도 좋을

공간 하나 마련했다

여백이란 도시에 쫓겨 온 생각들이

로마의 골목길 어느 때쯤에서 무용담을 펼쳐놓는 일

아니 누군가 접어놓은 서책의 갈피를 찾아내어

그 이후의 생애(生涯)를 추측해 보는,

도시 한켠 건축하기 위해

얼마나 많은 구름과 싸워왔던가

또 얼마나 많은 지식을 얻기 위해

풀씨들을 찾아 헤매왔던가

사막한 거리에 문화를 열고자 한다

망각이 오고 가는 세월의 한 모퉁이에

정신의 최후 결전지(決戰地) 같은 주소를 얻고자 한다

신은 자연을 낳았고 인간은 도시를 낳았다고 하던가,

그리하여 그 사막한 거리에 문화를 연다는 건

신의 첩자를 자처하는 일일지도 모를 일이다

시멘트가 쌓아 올린 도시의 신화에 대한
은밀한 항거인지도 모를,
그 첫 반란을 이곳에서 열고자 한다

종이가 좋다

1

종이가 여백을 내어주면서 활자들이 드러나는 느낌
여름 지나 장마가 물러나면
나는 집 안에 밀쳐놓았던 글자들을 들고 나와
흰 종이를 펼쳐놓고서 칼칼한 햇살에 말리기 시작한다
나의 가을은 늘 그렇게 왔다

2

말 없는 글자들이 흙도 털지 않고 올라설 수 있는 종이
때론 바람의 이름으로 다가와 문지방을 넘지 않고도
하얗게 머물다가 갈 수 있는 그래 나는 종이가 좋다
햇살을 가로질러와 벼루 하나 타일러
지난 과거를 베풀지 않아도 푸대접하지 않는 종이
세월을 뛰쳐나가 이젠 소식조차 뜸한
내 고인이 된 아버지가 들르지 않아도 좋은 종이,
그런 날 이승의 어머니가 파씨 몇 줌 들고 와
지난날의 풍상을 흰 여백 한켠에 뿌리지 않아도

저절로 파줄기가 돋아나는 종이 나는 그런 종이가 되고 싶다
비 온 뒤
오월의 살구내음이 한 잠 쉬고 갈 수 있는
그런 억겁의 흰 살결이 되고 싶다
내가 네가 되고 너의 숨겨진 사연들이 흰 늑골을 뒤적여
나의 눈물들을 용서해줄 것 같은 날이 지나칠 때까지…

파초

그 안엔
높은 담과 거역할 수 없는 향기로 이룩해야만 하는
오만이 없다
무명(無明)의 비와 들녘을 스쳤던 남루한 이름들이
문득 제 허리를 펴는 푸른 독백이 있을 뿐이다
자고 나면 뭇 풀의 생애로 되돌려지는
아스라함의 끝에서
다시금 푸른 행방을 손짓해야 하는,
나는 파초다 목마른 실어증이다
몸속 어디에도 기름진 노래하나 들르지 않는 날
그 잃어버린 노래가 저녁을 장만하고
더 낮은 음계의 가난을 초대하기 위해
눈을 비비며 서로의 이름을 상처처럼 끌어안는 건
얼마나 오래된 관습일까
파초는 영토가 작아야 먼 휘파람을 분다
온통 가득 푸른 신열로 흔들리지 않고는
겸손에 이를 수 없으며
풍성한 절망을 견뎌야 더 큰 네가 되고 내가 된다

파초를 그리다

파초를 옮기는 일은
이슬들의 천품을 묵향에 은신시키는 일이다
구름이 먹장의 날들을 접으며
끝내 숨기지 못한 몇 방울의 증거들을
이슬로 환생시키는 일이다
고요의 깊이를 모르고는
슬픔밖에 담아내지 못하는 잎들
늦가을, 나는 마루 끝 햇살들을 밀치고서
종이 위에 파초의 질곡을 초대하기 시작한다
꽃이 되어서는 천근 우환으로 남게 될 사연을
마음의 여백으로 남긴 채
어느 해 가을 결국은 연연했던 신분을 벗고 떠난
한 사내의 비애를 그린다

고루해질수록 투명하게 다가오는 환(幻),

밖의 햇살이 여우 꼬리만큼 남았을 때
나는 그 무거운 파초의 그림자까지 마음 깊이 담는다

화분들

화서 오거리, 몇 개의 식당과 잡념을 지나칠 지점엔
여름을 다 쓰고 남은 화분들 몇 옹기종기 모여 있다
물빠짐이 자유로웠던 모래만이
텅 빈 기억을 서걱거리며, 버틴다
젊은 대화가 꽁초로 타들어가면서
도시 저쪽의 사랑을 훔치던 곳이다
귀족이 되기엔 평민의 신분밖에 얻지 못한
사람들의 휴식처
누구도 사전을 들추어 밑줄을 긋지 않듯
어떤 사연도 소설로 태어나지 않았다
피었다 지고 피었다 졌을 다가오는 귀가의 신분들,
나는 그 화분들이
집 밖으로 쫓겨나와 오후의 바람에 의탁된
그렇다면
세상의 화분들은 어느 골목으로 사라졌단 말인가
작은 미니 식당 옆에 앉아있는 화분들 몇, 풍경을
나는 가끔 기억하곤 했다

데칼코마니 3

희망을 접으면 절망이 드러나는 걸까
나는 오늘도 늦은 아침을 먹거나
창밖 바람이 앵무새처럼 무료한 허구를 논하는 사이
세상의 행복에 대해 생각해본다
바람은 곧 꽃이 되지 못한 채
그러나 나는 오늘도 행복을 접으면 불행의 날개를 갖는
데칼코마니한 세상에 대해
갸웃, 목이 길어질 때가 있다
지난밤 위장 속으로 들어왔던 허구의 휴식과
한 사내 애써 떠올리려던 과거의 추억들,
그것들도 함부로 자만하면 안 된다는 걸
나는 알고 있다
창밖 바람은 여전히
새가 되거나 꽃이 될 수 없을 것임을, 나는 데칼코마니다
행복을 그릴수록 불행이 되는 이 예단할 수 없는 법칙을
나는 오후가 되고서야 나른한 절망을 접는다

수선화가 있는 사진관
— 茶靄軒 친구의 사진관

햇살 좋은 날
추억이라고 쓰인 사진관을 들른다
흑백의 날들을 인화했을 암실의 위치를
잠깐 짐작하며
연대기가 흐려진 내 안의 인화되지 못한
풍경들을 떠올려 본다
추억이 빠져나간 추억을 담는 사진관 속엔
수선화만이 과거의 위치를 지키고 있다
망각의 어두운 미로를 빠져나와
노랗게 현상되어 있는 몇 송이 나르시스,
지난날은 늘 흑백의 발소리로 현실을 미행한다
내 조금 전의 호흡들과
지난 새벽의 꿈을 가볍게 인화하곤
나와 과거의 알리바이를 수선화 하나로 피워놓았다

오래된 공복

점심 무렵
어머니가 내게 두부찌개를 흔든다
달래장과 녹두전도 고스톱의 광을 팔 듯
전화기 너머로 흔든다
어머니와 떨어지기 싫어
봄의 국경 너머로 시집가지 않았던 나,
때론 이틀 때론 사흘이 멀다
그녀가 내게 주는 한낮의 선물, 아니 낚싯밥이다
오히려 내가 먼 옛날
어머니의 유두를 포기하고서 얻어낸
지상의 청빈한 간식이다
내가 들른 지 사나흘도 안 되어
이순이 된 나에게 한낮의 추파를 던지시는 것이다
보글보글, 줄어들수록
더욱 늘어나는 어머니 걱정의 후렴들,
나는 후배와의 약속을 뒤로하고는
허기진 공복을 채우기 위해 발길을 재촉한다

자전거
― 행궁동에서

1

앞바퀴와 뒷바퀴는 다른 공상이라도 향한 듯
거리 저쪽으로 사라지곤 했지만
세상엔 영영 사라지는 것은 없는 법,
어느 날 그 자전거
한 방향으로 향해 달려가는 것을 보았다

2

균형이란 얼마나 두려운 도피인가
어느 날 저녁
황혼이 낮게 깔리는 저녁 모퉁이에서
두 개의 바퀴에 이끌려 세월을 건너는 자전거를 보았다
균형이란 얼마나 지독한 도피란 말인가
낡고 오래된 자전거 한 대가
해바라기 길을 달린다
잘 잡히지 않는 브레이크와

삐걱거리는 과거들을 애써 추스르며
사내는 긴 세월 해바라기 길을 달렸다
가을이면
늘 태양의 종교를 가져가는 것처럼
자신의 체중이 점점 낡고 가벼워지는 것을 견디며
가을이 끝나는 저녁의 어스름 속으로 달려간다

식당
― 단골식당

평소 여러 번 들르던 장안 사거리
옆집 뒷골목을 서성이다가 넘겨다본다
된장찌개와 풍성하지도 빈약하지도 않은
백반 정식이 전부인, 그리고 나는 보게 되었다
내가 한 명의 충실한 손님으로 들어갈 때는
보여주지 않던 그 안의 몇 줌 이야기나 웃음들이
국수처럼 길게 펼쳐진다 때로는
반쪽의 얼굴로 식욕을 주억거렸거나
식상함으로 식사를 줄여야 했던,

나의 생애도 내 짧은 산책으로
거스름 하는 일은 그러나 따스하다
내가 허기진 배를 달래고 그, 식당에 들러
오후 반나절을 넘기는 유일한 일상이었다

여유

어쩌다 내 안의 계절들이
봄으로 가는 길목에 서 있거나
길모퉁이 영화동 자판기 근처를 서성일 때
나는 상념의 단순한 체온이라도 보태듯
흰 컵 속에
마치 발밑을 떠돌던
가을의 한 자락을
가슴까지 끌어당겨 덮을 때의 감촉 같은
그런 차 한 잔,

사랑초 1

사랑초가 되기 위해선
내가 용서에 이르러야 하고
진실이 나의 가슴을 보듬어줘야 한다
사랑초를 피우는 건
집 안의 나를 일으켜 세워
아직 덜 핀 사랑을 깨우는 일
사랑이 머무는 시간은
열 마리의 소가 당기고 있는 밧줄이
끊어질 때만큼이나 짧은 시간
그리하여 사랑을 사랑한다는 건
늘 푸르게 깨어 있어야 할
부지런한 날들의 종교,
사랑을 위해
메마르면 메마를세라 물을 주고
지치면 지칠세라 다투어 사랑해야 하는
그 마음, 사랑초여라!

사랑초 2

사랑초가 되기 위해선
내가 침묵에 시들고
사랑초가 나의 바깥을 떠돌아야 한다
사랑이라는 말 한마디 냉큼 피워놓고서
나의 이별들이 기억하지 못하는
도시 저쪽을 떠돌아야 한다
사랑초가 피었다는 건
집 안에 나를 가둬놓고서
아직 덜 핀 사랑을 살피기 위해
창밖을 내다보는 일이다
사랑이 피었다지는 시간은
내가 나를 묶어둔 채
아주 늙은 여인이 되어
사랑 밖으로 빠져나오는 일
사랑초가 피었다
내 사랑을 다시 피우고 너와의 추억도 피운다
화분 속의 사랑이 아닌
평생을 다 바칠 수 있는
그런 불멸의 사랑을 꿈꾸고 있다

생강 밭에 들른 달

1

한때 나의 사랑은
생강을 닮았었지
깊이 벗겨야 겨우
속살을 드러내는 퉁명스러움으로
견딜 수가 없었던 날들
그 낮게 떠다니는 잎새 위로
달빛이라도 몰려오는 날이면
비좁은 사연을 끌어당겨 더 매운 넋두리를
매만지곤 했으리라
돌이켜보면 눅눅한 달빛만으로도
가슴이 발칵 뒤집히던 날들이었지
밤이 깊으면 세상의 모든 고요들은
새벽의 달, 하나 도시로 떠나보내고
그곳에 그가 있다는 건
나의 사랑이 오래도록 매운 상처를 견뎌내야 한다는 것
생강 같은 사랑, 맵게 가로지르는
하현의 행방이 인색한 달빛만 남겨둔 채로,

2

달이 생강 밭을 찾기 위해서
그믐의 밤을 헤매야 한다
그런 밤 나는
잘 떠오르지 않는 감정들만
뿌리 깊이 숨기며
그대에 대한 연시(聯詩)를
연필로 끄적인다
그대와 나눴던 미지근한 산책과
어둠의 모퉁이를 짐작할 때마다
길을 잃곤 하던 대화를 써내려간다
달이 없어야
더 노란 물로 배어나는 생강 같은 이야기들,
오늘은 달이 붉다

은행나무길 5
– 수원역前

문득 수원엔 오래된 이별이 없다
창밖 그리움만이 그 역에 내리고 싶은
지난한 날들의 객실표만 있다
기억의 한계령을 넘고
그리움으로 역설의 삶을 지탱하는
오래 함께할 인연 하나가, 있다
가로수 길을 걷다가 노란 그리움을 만났다
이곳 어디쯤에 중세의 바람이라도 있는 듯
온통 환영을 뒤적이고 있다
가슴속 어느 때쯤에선가
조금씩 물들기 시작하는 가을의 입자들
나는 방금 전 수필의 갈피 속을 빠져나온 듯
걸음을 줄여가고 그렇다면
저 나무들의 고향은 릴케의 고뇌였단 말인가
나의 그리움도 언젠가는 찾아오리라는 예감,
그 많은 가을들을 위해
중세의 햇살들은 저토록 반짝이는가
많은 추억이 없어도 은행나무길 하나,
바람이 나를 부축이며 나, 떠밀려 간다

해바라기에 대한 명상

해바라기는 오래 걸린다
화석이 된 미학이다
햇살이 오기를, 그러나
해바라기가 기다리는 건
제 안의 노랑 망각이거나 키가 큰 오후다
서서 명상에 든 환영들은 외롭다
며칠의 가을만 갖고는
다가설 수 없는 저 오래된 관습들,
한동안 세상의 문들은 더디 닫히고 나는 헤매인다
길을 잃어야
태양의 은유가 잘 보이는 해바라기 길을
노란 유화물감을 쏟아 부은 듯한
어느 가을날 남문 길모퉁이에서
나는 고흐가 심어놓고 간 해바라기들과 만난다

나혜석을 스치며

그녀의 생애가 가파르게 느껴지는 건
불꽃같은 삶 때문일까
시를 빠져나와 그림 속을 떠돈다는 건
그해 가을은 얼마나 찬란했을까
나혜석, 이름만 떠올려도 그녀의 계절은 폐허 속에서
지상의 천형들이 새로운 운명을 감당케 하는 건 왜일까
숲이 아름다운 건
그 안에 바람의 묵시록이 있기 때문이며
하늘이 빛나는 건
뭇 별들이 서로를 바라보기 때문이다
그녀의 무모한 걸음이 자신으로부터
영원히 잊고 싶었던 건 아닌지
가문의 단절과 세속의 계율을 몸서리치도록 그러나
다시는 저녁이 오는 소리를 듣지 못한 하루
철천(徹天)의 그리움으로 승화시킨 영혼을 나는 사랑한다
별들의 불행을 받아내던 내 안의 계절들과
한 여인의 방황을 끝내 용서해 주지 않았던
무수한 흑백의 편견들을,

저작(咀嚼)된 세상은 또다시 올 것이다
지상의 날들이 하루의 관습을 어슴푸레하게 벗어내는 늦은 저녁
혹은 별들의 귀향을 낯선 대합실의 풍습처럼 스치며
오래전 그녀가 바람으로 드나들던 이 골목에서
열정과 시와 자화상의 경계를 다시금 음미해본다

그, 집
– 홍' 갤러리

아직 그 집엔
몇 개의 표구들이 겹쳐진 채 기대어져 있고
풍경이 들어가지 않은 채
쓸쓸한 나무 내음만 풍기는 표구들이 있다
그러나 어떠한 장담도
그 미완에 대해 할 수 없다
표구가 꿈꾸는 건
환기되지 않는 벽 쪽에서의 날들,
표구란 무엇이겠는가
규정되지 못한 계절들에 대한 작은 겸손,
그, 집 계절이 바뀌고 봄이 온다면
푸릇한 제 안의 풍경들이 들어찰 것이다

키 큰 부동산

그 동네 골목 모퉁이에
전봇대 하나 있다
봄가을 이사철이 되면
때론 부동산보다 더 많이 애용되던
셋방들의 대합실이었다
방 둘과 신혼부부 환영이라는 낯선 문구들이
덕지덕지 어느 셋방의 벽지처럼,

내가 잠시 머물던 장안사거리 골목의 전봇대
낯익은 사연들이 붙었다 떼어지는 부동산이 있다

은행나무길 1

지독한 환시, 햇살 한 오라기도 멈추지 않는다
왜일까 은행잎들 뒤척이는 걸 보면
찌개 끓는 오후 한때가 떠오르는 것은,
도립도서관 앞이 가을의 금서라도 뒤적이는지
온통 노란 질병이다
쿨럭쿨럭 화석의 나무만이 새벽안개에 무거웠는지
오전의 질병들을 중얼거리고
언제였던가
내 몸에서 빠져나간 옹이 하나
지상의 첫 외출처럼 빛나던 날들은, 모든 가을은
고흐처럼 가볍다
오래된 흠집처럼 좀처럼 지워지지 않는다
한순간 전설이 될 쪽으로 뛰쳐나가는 은행잎들의 노란 반란
몸을 낮춰 일식 같은 가을의 중력을 피한다

은행나무길 2

도립도서관으로 향하는 길모퉁이가
노란 잎들을 내뱉느라 중세의 이별들을
중얼거리고 있다
되돌릴 수 없는 망각의 행간을 읽어내기라도 하듯
바람의 구두점이 모여 있는 지상의 한때를
환하게 서성인다
지식들의 굼뜬 모퉁이
유효기간이 지워진 햇살의 한때를
깔깔거리며 가로지른다
망각의 무게를 가득 싣고서
노을의 빈속으로 사라지는 리어카,
노인의 행방을 노랗게 미행하고는
중세의 지식들이 숨어 지내기에 좋은
낱권의 안쪽에 묻힌다

누군가 방금 전의 가을이라도 반납했는지
낡은 갈피의 안쪽에 오후의 은행잎 하나 꽂혀 있었고
밖엔 지식을 못 찾은 노란 무리들로
발 디딜 틈도 없었다

장안공원에서

1

시간은 기다림의 벽돌로 쌓아올린
성벽과도 같음일까
가을 장안공원에 앉아
오지 않는 시절들을 기다린다
더 이상 역사를 쌓을 수 없는 지금
그러나 그때의 기중기는 얼마나 많은 이끼들을
높은 곳에 끌어올렸을까
저녁이 되면 쓸쓸해질 공원과 나무들,
나 새가 되어
잠깐의 휴식을 돌아본다

2

가을 한켠에 앉아
오고 가는 휴식들을 바라본다
과거가 쌓아 올린 돌들에 둘러싸여
가까워졌다 멀어지는 지난여름의 이야기들을 듣는다

오후의 햇살이 태양의 이동에 맞추어
벤치를 바꿔 앉는 그 곁에 앉아
시월 하순 일정들을 헤아려본다
11월은 더디 올 것이다
조금 전 현금지급기에서 출금한 몇 줌의 지폐처럼
나의 추억들은 또 얼마나 문턱이 높았던가
애환이 없이는 되찾을 수 없는 기억들,
성 안에서의 사랑은 추억이 힘이다
몇 개의 돌로는 다 쌓을 수 없던 평온은
이제 이곳에서 더는 유통되지 못할 것이고
망각은 길 것이다
시월, 장안공원에서 폐부 속의 현실을 비우고
지난날들이 행방을 넘겨다본다

나는 지금 나의 망각은 더 적자인가 흑자인가
좀 더 낮은 이율의 추억을 만나는 일은
쉽지 않을 것이다

장안사거리

1

성곽을 빠져나온 바람이 중세의 걸음으로
나무들의 허술한 부위를 뒤적이며 사거리로 나온다
벽 안의 푸른 신호등을 먼 나라 이야기처럼 넘겨다보며
또 다른 행인이 고이는 오후 한때를 꿈인 듯 서성인다
이곳의 바람들은 모두가 다
봉건의 날들 속에서 떠나온 것들이다
봇짐의 길 하나로도
푸른 나라를 꿈꾸던 보부상들의 길벗이었다
상인의 길을 가다가도 거짓과 만나면
소금 몇 줌 뿌리고서야 눈물의 길을 용서해주던,
어진 슬픔을 찾아 나설 땐 마음속 질곡을 돌로 쪼개어
햇살의 성을 쌓고서야 자비를 베풀던
한 사나이의 도읍이었다

나 지금 옛 시간 속의 나라와 사대문 안 장안사거리,
바람의 그 골목을 드나들고 있다

2

여기는 잎들의 천국이다
늦가을 마지막 햇살들의 대합실이며
여름부터 걸어온 사람들의 퇴색한 산책로다
바람과 아스팔트가 몇 잎의 사연으로
가장 가까이 몸을 맞대는 추억들의 약속 장소이며
구르몽의 시가
몇 장의 회상을 밟으며 다가와
거리 저쪽으로 사라질 것 같은 가을의 목거지다
나무와 나무가 서로의 이름을 찾아내지 못해
온몸 다 비워지도록 오후 속을 헤매는
바람의 아뜨리에이며, 그러나 비 온 이튿날
나무들은 서로를 호명하지 않고도 보이는 거리 저쪽까지
이제 어떠한 추락도 허락하지 않는 계절 속으로
천천히 걸어 들어간다

3

여기는 낙엽들의 골목이다
비가 오면서 재촉하는 오후의 잎들과
내가 한걸음만 내디뎌도
바람과 아스팔트 사이에서 기댈 곳을 잃는다
막 이끌고 온 바람이 가로수 플라타너스 잎들을 들추고
낙엽들은 무분별한 속도로 거리 건너편으로 흩어졌고
길의 지표를 다시 세워도 되돌릴 수 없는,
계절을 감추거나 기억을 반추하는 일은 가볍다
발자국을 옮길 때마다
심장이 따스했던 날들은 가고
이제 목적 없는 길을 가는 저 낙엽들
오후, 비가 내리는 날에는
아침의 태양이 친구와의 약속을 건네주었지만
이곳 사거리에 이르면 빠른 속도로 나뉘어진다
푸른 날들이 더 이상 버티지 못하는 시월 하순,
나는 낙엽 하나 주워 살그머니 다시 그 잎을 내려놓는다

장안공원

이곳의 돌들은 먼 시간 속에서 굴러왔다
이끼를 말리고
제 안의 무게를 군더더기 없이 줄여서야 성벽이 되었다
기억과 망각의 경계가 되어
무중력 한 계절을 보낸다는 것,
때론 사화(士禍)가 찾아왔고
먹물의 깊이로 끝나도 좋았을 비운은
끝내 핏빛으로 새겨졌음을…
기억의 원심력을 놓친 채
침묵 속을 떠도는 저 돌들은
어떤 망각을 움켜지고 있겠는가
결자해지(結者解之)라 했던가
나 오늘 장안공원에 들러
우수와 경칩 그리고 춘분의 절기를 온몸으로 녹이고 있는
돌들의 사연을 하나씩 짚어본다
먼 옛날의 보부상들이 북적대던 자리, 이쯤에서
무거운 짐을 내려놓고
하루 이틀 버티는 법을 익히곤 했으리라
나는 노을이 파할 때까지 인고의 흔적을 지우며
3월 하순, 발걸음을 돌린다

가을에 3

바람을 넘어온 잎들이 마른 기억이라도 지우려는 듯
거리 저쪽으로 나뒹군다
낯익은 주소라도 되는지 철대문집 앞을 서성이거나
저녁이 있는 몇 개의 간판을 향해 지친 몸을 옮긴다
11월이 되면 나무들은
이별의 단서를 하나하나 바람에게 내준다
그러나 어떤 기억이 마지막 잎새가 될지 모를 일,

나에게 있어 가을은 도청 근처의 잎들이
북수동의 낙엽에 이르면 완성되곤 했고
내 도청의 젊음이
장안문 어느 때쯤의 추억에 이르면 회상이 되곤 했다
그러나 그 시절의 첨탑들은 바람의 종교 앞에서
얼마나 아름다웠던가
그럴 때마다 북수동 성당의 종소리는 초연했다
가로수 플라타너스 잎들이 메말라 가는 어느 날의 하루도
그처럼 붉음을 쥐고 있던 가을을 살며시 놓아주곤 했으리라
나 이제 봄, 봄이 되길 기다린다

비, 어제의 행방
– 남문 골목

어제는 비가 내렸다
나의 외출에게 우산 하나 망각하는 법을 가르치는
비가 내렸다
그리고 그 망각은 내가
거리 저쪽의 영화를 외면하고
오래전 미소년 시절의 소녀 하나 단념하는 동안에도
나에게 우산을 아니, 구름조차 일깨워주지 않았다
세상엔 때로
우산 하나로 피할 수 없는 비가 많이 내렸음일까
축대들은 빠른 속도로 빗물을 숨겨줬고
남문 꽃가게 옆 레코드 숍의 팝송들은
그 비의 추억으로부터 자유로울 순 없었을,
어제는 바로 그 무례한 비가
건망증 하나 남겨놓고 온 거리에서
나의 왼쪽을 적시며
내 오래전의 미소년이라도 발견한 듯 빠르게 사라졌고
한동안 나는 비를 은유처럼 행방을 찾고 있었다

因緣
- 그리움 서넛, 박경원 시인 카페에서

언제였던가
오랜 침잠의 날들을 보내던 무렵이었을까
세상의 담장은 높았고
그 위를 떠도는 나팔꽃마저 향기를 잃었을 때
그쯤이었을까
세상의 인연은 늘 등 뒤에서 온다는 것
봄이 찾아온 것이다
내 우울을 미루던 봄비는 숲속으로 걸음을 옮겼고
이때부터가
내 과거들 현재들 미래의 또 다른 시작이었을지도
모를,
가슴들이 뛰어들었다
풀밭 저쪽에서 서성이던 오후의 상상들과
저녁의 약속에 일그러져 있던 호흡들이 뛰어들었다

다시 매디슨카운트 다리에 서다
- 첫사랑 재회

쇠잔한 달 하나에 기댄 새벽이다
몸속을 돌아 나온 호흡만이
느리고 깊게 새겨지는 한때다
보이는 것이라곤 태양 아래
한낮의 일상 속에서 잠복하던 민들레와
아직은 바람으로 진화되지 못한 씨앗들 몇,
그것들을 불륜이라 부르면 안 된다
모든 음지들은 햇살이 넘어오면서 잎새들의 위치와
바람의 행방을 가볍게 휘어놓기 시작하고
잊었던 약속 하나가 틈을 내기 시작한다
언젠가 온몸으로 새기려 했던 벌레들의 과오가
다시금 손바닥 안으로 고인다
운명선 깊이 숨겨놓았던 날과 몇 줌의 따뜻한 이야기들
나는 잠시
민들레에게 건네주던 며칠 동안의 습관을 내려놓고서
밥과 새벽의 우유가 뎁혀지고 있을 거실 속으로
눅눅한 기억을 옮긴다

오래된 재회

제비꽃 하나가 오솔길을 깨우고 있다
햇살 덜 든 오전의 산책과
새벽녘 눅눅한 꿈을 깨우고
들판 한끝 외딴집
오래 끊어졌던 누군가의 소식 한 구절 깨워준다
나를 보아 주세요,
자줏빛 파문만 볼록렌즈의 맨 가장자리 밀어들처럼
흩어졌다 모여드는 오전의 안부 앞에
나는 지난해처럼 낡은 목례 하나 꺼내어준다
산 아래 시멘트로 덮인 소문들과
내 지난겨울의 무딘 외출들,
군에 간 아이의 푸른 시절도 들려준다
해마다 사월이면 행하는
아주 작고 앙증맞은 제비꽃과의 물물교환
그렇다면 내가 이끌고 온 오솔길의 햇살도
제비꽃의 소유물은 아니었을까
겨우내 내 안의 지식을 엿보던 낡은 책들의 무게와
흑백의 칩거 또한 제비꽃이 빌려준 분신들은?
나는 조용히 오래된 재회를 내려놓고서
낡은 휴식이 기다리는 집으로 향한다

공

하루는 불안하다
어디로 튈지 도무지 알 수 없다
그런 나를 남동생은 중구난방이라 한다
그러나 나는 중구난방이 아니라
암중모색이라 항변한다
어떠한 벽에도 막히지 않는다
밋밋한 하루 속에서 쭈글거리다 벽을 만나면
더 생기를 찾기도 하는,

그런 공, 나는 공이다
공이란 원래 그런 것 아니겠는가
구름이 묻으면 비의 탄력으로 쭈글거리고
햇살에 마르면 놀랍게도 엉뚱해지는…
어느 날은 공중의 태양을 따라 통통 튀기도 하고
어느 날은 저녁의 노을 속으로 잃어버리기도 하는
그런 공, 하나 내게 있다

김장

입동과 소설 사이
몇 년 미루던 관습을 깨워 김장을 한다
거실 한켠에
푸른 대파와 육쪽마늘
할머니의 곱은 손 같은 생강과
오래전 기억들을 뒤섞으며
한 해의 마지막 절기들을 담근다
김장이 무엇이던가
삼한사온의 날들 속에서
우리들의 애환이 짜거나 맵지 않게 하는 내력,
김장을 한다
배추 속 잎잎이 담아내는 어머니의 옛날들과
붉게 물들수록 더 깊이 익겠다는
겨울의 교훈을 차곡차곡 쟁이며,
이젠 그 어디에도 위탁할 수 없는 친정집과
어머니의 손맛을 잊을 수 없다

봄날

수국으로 가는 길은 외롭다
배접이 덜 된 병풍과 아버지의 유언,
그 지난한 날들 속에서 여래의 일주문을 지나
업장의 혜량을 도는 일은 봄마다, 풍토병이다
불목하니 같은 지난날들을 돌아보다가
내가 놓칠 수 있는 건 지상의 몇 번째 경계였을까
오월이 되어 수국을 만나러 연등들의 안으로 간다
무생무사, 그 고뇌의 바다에 누워
내 번뇌를 디디기 위해 오월의 고뇌 속으로 간다
혹시 내가 나를 놓치고서야
이 많은 허무를 밟고 온 것은 아닐까
나는 오월이다
지상의 종교를 몇 줄의 인연으로 매달아야 할 수국이다
밤이 되어도 연등처럼 환하게 밝혀주던 아버지의 길
나는 그 자상한 마음을 헤아리며
수국이 흐드러진 앞마당 가로 간다

타로점이 있는 거리

그 장안사거리길 한켠엔
중세의 길흉을 가볍게 젖혀
타로점을 봐주는 한 사내의 사무실이 있고
저녁이면 백미러 속에서
황혼으로 빛나는 느린 속도의 경적음이
잠깐씩 머물다 떠난다
세상의 길흉이 적은 날 한 사내는 빠르게 잊혀진다
중세의 이야기들로 잠깐씩 들끓던
누군가의 사연들도 한동안은 침묵에 든다
바퀴들이 푸르러지지 못하는 건
그 장안사거리 골목 밖에도 쉽사리 바뀌지 않는
적색등이 늘 밀리기 때문이다

그 골목에서 오월이 오기를 기다리는 건
사막이 초원으로 변하는 일보다 뜨겁다

3부

아름다운 윤회

연등

4월 하순 행궁거리 저쪽의 꽃들이
절을 찾고 있다
아제 아제 바라아제,
아직은 잘 켜지지 않는 출가의 한 구절을
싸늘한 체온으로 읊조린다
지난해 쓰고 남은
불심(佛心) 하나씩 끌어안고서
소등된 채로 이승의 저녁을 받아내고 있는
저 몇 송이 연등들,
가로수마다 동여 매인 긴 외줄의 연꽃들이
바람에 흔들거리고 있다

한때, 오후를 훔친 적이 있다

메꽃을 아십니까
나팔꽃이 되지 못한 채
낮은 곳의 계절을 헤매다 쓸쓸히 지는 꽃
누군가는 잊혀진 슬픔이라 했고
누군가는 더 들추고 싶지 않은 한여름 별곡이라 하던,
그러나 나는 오랫동안 메꽃을 받아들이지 않았다
심지어 태양의 행방을 거부하면서까지
메꽃을 내 마음속에서 추방하려 했었다
아버지, 아버지는 평생 이름을 버리고
지상의 나팔꽃이 꿈꾸던 명예도 버리며
낮은 곳의 사랑을 매만지며 늙었다
벼루를 갈거나 그 먹물이
하루 종일 삶이 비춰지지 않을 때도
침묵하는 법을 익히며 사셨다
누구나 바람이 불면 파르르, 떨지 않으려
햇살을 붙들거나 망각의 안으로 숨는다
때로 가족사가 얼마나 희미한 청동거울 속의 날들인지
나는 기억한다

외출을 가르쳐주던 식탁 위 미각들과
간헐적인 벨소리도 먼 옛날의 교훈처럼 느껴지는 한때,
나는 잠시 고요해지고 오후 4시 속으로 잠적한다

오월의 어머니

고향을 잊고 산 덕분이었을까
늘 가슴속에만 적어놓은 채
낯선 주소를 헤매었던 날들,
예정대로라면 어머니는 지금 텃밭 안
삼월의 궁벽한 계절 속에서 4월을 준비할 것이다
굽은 등을 햇살에 눌리며
지난가을에 마지막 파줄기를 떠올리듯
또 다른 이랑을 다독이실 것이다
부재라는 의미
어머니는 살아생전 그 쓸쓸한 영토를 놓지 않고 사셨다
오월의 수국을 지켰고
한여름 칠석의 밤을 지키셨다
삶이 고단할수록 별들의 전설을 안마당까지 이끌고 와
내 메마른 잠을 적셔주던 날들
그 어머니가 지금 저 텃밭을 기억의 공터로 남겨놓고서
시간의 원심력 밖으로 떠나신 것이다
내가 출생의 본적으로부터 멀어질수록
더 따뜻한 계절을 차려놓으시던 어머니,
푸릇한 봄이 오면 내 어머니의 정신이 마냥 그립다

風景 8

가을, 첫 햇살이 내리면
어머니는 작은 마당 가득
붉은 고추들을 줄지어 널어놓곤 하셨다
바싹 마르는 뭉게구름 아래
시월이 바빠지기 시작했고
그날 오후에도 바람은 지나쳤지만
한낮의 새들은 고추씨 하나 물어가지 못했다
세상의 모든 말씀들은 다 이렇게 파삭,
건조시켜 또 다른 계절에서 만날 수 있는 것인가
저녁이 되자
가족들은 하나 둘
하루의 눅눅한 사연을 툭툭 털며 집으로 돌아왔다

풍경 9

오후의 베란다에서 창밖을 넘겨다본다
방금 구름의 일부가
흰 눈을 내주는 순간들을 바라보는 것
먼 나무부터 흰빛에 중독되는 풍경을 바라보는 일은
내 겨울의 몇 번째 관습일까
눈이 내리는 것은
겨울 이야기가 쌓이는 것이다
커피가 끓는 것처럼
오후의 공복을 메우기 위해 숭늉이 끓거나
잠깐의 졸음들은 따뜻한 일이다
저녁이 되도록 끊어지지 않던 어머니의 이야기를
기억의 흰 발자국으로 미행하는 일,
아직 더 내릴 이야기가 있기 때문일까
내가 먼저 바깥세상을 외면했고
거실 커튼을 젖히고
나는 회상(回想)에 빠진 찻잔을 든다

금지된 계절

3월을 떠나보낼 때마다 봄비가 내린다
아니 기우 같지만 봄비가 내렸던 것 같다
봄비, 나는 해마다 봄비에 가로막혀
햇살의 날들로 나가지 못한다
선경도서관에서 대여한 책들을 반납하지 못하고
심지어는 영동시장통으로 향하는 오후의 스케줄도
가로막히곤 한다
봄비와의 불편한 관계가 오전 내내 내 발목을 잡는다
언젠가 받았던 몇 알의 잠들을 서랍에서 꺼내어
그중 하나를 공복 속에 흘려 넣는다
잊고 지낸 삼월의 가족사가 조금씩 고개를 들고
좀처럼 꺼내어지지 않던 기억의 편린들이
흑백의 자막처럼 읽혀지기 시작한다
봄비가 내리고 있는 것이다
조금의 추억만 갖고도 멀리 발길을 돌릴 것 같은 오후,
나는 거실 속에서 차마 견뎌내지 못하고
연둣빛을 찾다가 지친 실어증의 마침표 같은 그 비를
그리움의 스크린 너머 창밖만 바라보고 있다

햇살 5
– 큰언니

봄, 먼 길을 돌아온 햇살들이 눈부시다
어제 몇 개의 통화 속에서 통풍되지 않던 소식은
누가 남긴 사연일까
연둣빛에 소환 당한 햇살들은
모두 망각의 사다리를 갖고 있다
평생 텃밭을 떠나지 않던 어머니
그녀의 본적도 연둣빛이었음을 나는 기억한다
오늘 어머니 대신 언니의 선물이 도착했다
마음 깊은 햇살의 너그러움,
기억이란 것 그리고 망각이란 것
햇살들은 늘 그것들에게 오후의 길을 가르쳐 준다
그 은전의 양면 같은 사연 속에서
봄은 또 갈 것이다
내 안의 침침한 기억들도 또 다른 계절을 찾거나
영영 돌아오지 않을지도 모를,
베란다 유리면 가까이 쏟아지는 햇살에 이르러서는
나의 미소도 눈부시다

연못
– 방화수류정

산책이 삐끗 접질린 덕분에 연못을 찾는 날
그것도 가을 햇살이 썬크림도 바르지 않은 채
연못을 건너오는 오후가 되어
나르시시즘의 한켠에 닿는 것이다
연못은 예나 지금이나 말이 적다
그 안에 머무는 몇 줌의 구름도 식음을 전폐한 듯
빠르게 지나친다
대화가 없다는 건
보이지 않는 물속을 볼 수 있는 큰 힘이다
그대라는 은유가
젊은 지느러미로 내 안을 헤엄친 것도
머나먼 과거의 일이다
가을 연못에 이르면 모든 과거들은
산책을 버리고서 추억 속에 잠긴다
그렇다면 산책이란
길을 잃어도 또 다른 서정과 맞닥뜨리는 일,
그 풍경들과 무중력 속을 거닐다가
우연히 마주친 한때의 용연(龍淵)*을 기억하곤 한다

*龍淵 : 訪花隨柳亭의 蓮池

訪花隨柳亭

가을볕 좋은 날
나는 마음의 외곽을 가로질러 방화수류정에 간다
도시 저쪽에서 지친 호흡을 몇 걸음씩 덜어내며
지난봄
버드나무가 쓰러다 만 뻐꾸기울음이라도 찾으려는 듯
기억의 안쪽으로 간다
과거는 돌아오지 않는다
저 수면을 얇은 바람으로 밀고 오는 그 자취도
어느 시인묵객(詩人墨客)의 삶과 다르지는 않을 것이다
방화수류정엔 그리하여
스스로 모여든 세속의 욕망도
홀로 덜어내야 할 이승의 그리움도 적다
먼 옛날
새로운 세상을 꿈꿨을 한 사내의 어느 하루 고뇌도
돌아오지 않을 것이다
가을은
봄이 지쳐서 떠나온 계절이 아니라
망각이 지쳐서 되찾은 역사일까,

어디선지 누군가 입술로 날리는 휘파람 소리를 들으며
더 이상 머물 수 없는 풍경들을 뒤로하고는
초연히 발길을 돌린다

어느 날 1

가끔은
젊은 날의 기억을 초대하기 위해
어색한 듯 턱을 괼 때가 있다
과거와 만나기엔 초저녁조차 씨가 마른 세상
그리고 지난 것들은 다 돌아오지 않는다는
평범한 절망과 하루를 소비하는 것은
미아 같은 일이다
언제부턴가 저녁이 올 때마다
나는 아이가 되곤 한다
흑백의 날들 어느 때쯤에서 놓쳐버린
어머니의 손길 같은 그 아스라함과의 단절감
한순간
세상의 초인종 소리가 내 의식 속으로 몰려오고
그렇다면 지금 내리고 있는 창밖 비는
누구의 목소리였을까
오늘 밤에도 별은 오지 못할 것이다
과거의 빛나던 아침도 햇살도 오지 못할 것이며…
나는 비 내리는 저녁의 어느 날에
그리움 몇 써 내려간다

어느 날 2

나는 가끔씩 눈물을 찾는다
달력 속의 먼 날짜를 뒤적거리거나
백중쯤의 장롱 속을 발칵 헤집어본다
언젠가 눈물들의 지름길이었던 명치끝을
꾸욱 눌러보곤
다시는 돌아오지 못할 망각들을 되짚어본다
그 끝 모를 숨바꼭질의 뒤란에서 함께했던
눈물을 질펀 돌려보냈다
눈물은 어떤 날 마주친 소중한 인연이다
나는 가끔씩 눈물을 흘린다
현실과 잠 속에서
아버지를 찾는 형식이거나 아버지를 찾았기 때문에
눈물이 난다
아버지를 만나고 나면 비로소
눈물을 놓아주기 시작한다
어느 날 문득 마주친 소중한 유언이다

- 2022년 8월 13일 〈음 7. 15 백중〉 正辰時, 아버지가 그리운 날에

그녀 5
− 親舊 빈, 의상실 暎珠

평생 바늘과 옷감을 함께한 친구 하나
세월의 흐름을 넘겨다보는 눈매가 자못 깊다
삶의 즐거움을 준비하는 여인이거나 단벌의 외출을 마련하는
어느 봄날의 주문들도 꿈인 듯 기억될 뿐,
그녀는 말한다
다른 건 몰라도 자신은 누군가의 어깨선만 꿰매다가도
그의 생애가 뭘 꿈꾸는지 느껴지고
가을이 가기 전 경조사를 메꾸기 위해 찾아온 한 여자가
그 희미하게 내쉬던 허리 자락의 한숨까지도
고스란히 기억한다고,
세월 이쪽에 와서야 주섬주섬 추억들을 회고한다
이제 양장점들은 늙었다 한 시절
거리의 자존심이었던 맞춤의 풍습들이 제 내력을 잃고서
뿔뿔이 사라지고 있는 것이다
이야기와 이야기 사이
친구의 사연은 아직 완성하지 못한
누군가의 주문이라도 있는 듯 흐려졌다 또렷해지고
그래 친구야

우리가 짓고 있는 이 인생이라는 옷 한 벌도
지금쯤 중년의 외출을 꿈꾸고 있을지도 모를,
돌아오는 봄엔 친구가 완성한 소풍 하나 입고서
해가 지지 않을 꽃구경이라도 하자구나, 친구야

그, 골목

그 장안 골목은 11월이 되면
유리들이 두꺼워진다
태양은 수시로 건물 뒤로 사라지거나
쥐꼬리만 한 체온이라도 찾으려는 듯
잠시 잠깐 나타난다
어떠한 낙엽도 11월로 넘어와
거리를 쏘다니는 일은 그리 많지 않다
그 골목도 예외는 아니어서
몇몇 행인들만이
주머니 속의 체온을 헤아리는지
멀찍이 누란처럼 작아질 뿐이다

투명을 말하다

한낮 장안사거리 한켠
층수를 헤아리기 어려운 건물 속 어디쯤인가
투명한 그 유리엔 무수한 계절이 날아와
직각으로 생을 마친다
이럴 때 투명은 햇살을 받아들이기 위한
숨은 것들의 침묵, 유리는
풍경과 손을 잡기 위해 제 안의 독백을 추방한다
독백이 없는 유리는 따라서 담장이 없는 면벽(面壁)이다
제 몸을 열어야 제 몸이 비워지는 유리만의
저 오래된 천형,

바람이 윙윙거렸고
그 유리 밖 플라타너스 나무들은 점점 가벼워지고 있다

그녀를 만났다
– 親舊 抒吟

때론 만남이란
과거 속에 숨겨놓은 은밀한 약속일까
우리가 먼 미래에 밀쳐두었던 시간과
우연을 가장할 것들,
그리고 너를 만난다
먼 옛날의 소녀를 따돌리고서 왔기 때문일까
중년 깊이 묻어나는 또 다른 사연의 미소와
맞잡은 체온 어디에서 단서를 찾아야 할지 모를 반가움
그리고 너를 만났다
추억이란 한번 앨범 속으로 들어가면
다시는 재생되지 않는 그리움의 화석인가
서로 떨어지기가 아쉬워 몇 번이고 가을을 가로질러
친구의 집을 오고 갔던 날과
얼마 남지 않았던 졸업 이후의 미래들도
이제 다 앨범 속에 간직해야 할, 나는
잠깐 동안의 그녀를 만났다

그녀 7
– 白娟에게 전하는 글

오랜만에 만난 친구
차분한 억양과 단정한 그녀,
그녀 앞에서 나의 성적표는
늘 바람 앞에 등불이었을까
내가 폭풍의 언덕을 읽는 동안
그녀는 좀 더 깊은 교과서 속에서 살았고
그해 봄에도 나비는 칠판 속을 빠져나가
교정 정원의 햇살 위를 너울거렸을까
세월은 영영 성적표가 될 수 없다
그 친구가 돌아온 것이다
교수가 되고 단단한 두 자녀의 어머니가 되어
이 땅 부침이 많은 현대사회 안쪽으로 돌아온 것이다
아니 내 기억의 레이더 밖에서 살다가
나에게 충격을 주듯 나타난 것이다
나는 가끔씩 추억의 지뢰를 밟게 될까 봐
두려울 때가 있다
나의 눌눌해진 인생과 한 친구가 상쇄될까 봐,
그게 너였을까
나는 조용히 먼 옛날의 소녀로 돌아가
그때 챙기지 못한 질투심을 또다시 밟아가기 시작한다

골목길에서 현기증과 만나다

가끔씩 나는 내가 아닌 나와 마주칠 때가 있다
사과가 붉음 하나로 만유인력을 눈뜰 때
혹은 오후의 벽시계가 권태의 무게를 견디지 못해
저녁 속으로 침잠하는 느낌일 때
가끔씩 나는 내가 아닌 현기증과 마주칠 때가 있다
친구와 마신 커피와
몇 마디의 대화 때문은 아니었을 것이다
낯익은 영화동 모퉁이가
갑자기 이상한 나라의 엘리스로 변해진
그 때문도 아니었을 것이다
내 안의 나, 그렇다면
내 안의 내가 또 다른 타인이 되고 있기 때문일까

나는 가끔
오래된 골목에서 가벼운 현기증과 만난다

나무와 나

세상의 모든 바람들은 나무를 찾는다
그 안에서
익숙한 새들의 노래를 듣거나
햇살이 잘 들지 않는 그늘들의 내부를
천천히 서성인다
먼 옛날 나무가 주어였던 그 까마득한 시절을
몇 개의 잎새로 되새긴다
나는 오랜 세월
낮은 곳을 달려온 은유들의 이름과 그 행방과
몇몇의 잎새에도
제 영혼을 빼앗기는 바람이 되기 위해
얼마나 조급함을 감추고 살아왔을까
나는 바람이다
더는 나무에게 나에게 모진 바람이 되어서는 안 되지만,
끝없이 아니, 삶이 다 하는 날까지 푸르게 지켜보고 싶다

그녀 9
– 나의 가장 오래된 親舊

라일락은 또 피고 질 것이다 잊혀짐 때문이었을까
친구의 기억도 또 해마다 피고 진다
그렇다면 내가 꿈꾸던 행복은
그 친구가 놓고 간 몇 번째 그리움이란 말인가
조용히 거실의 반대편으로 걸어가 정원의 겨울나무를 살핀다
겨울은 늘 라일락꽃 하나,
우리 유년의 시간 윗목에 묻어주곤 했지
그리움은 밤이 깊도록 쉽사리 불씨들을 드러내지 않던
우리들 이야기의 온기 속에서
그녀가 꿈꾸던 미래는 어떤 희망의 계절이었을까
부유한 혈통의 맨 끄트머리에서 딱딱한 삶이 시작됐고
어느 계절이었던가
그땐 정말이지 우리가 동경할 수 있는 게
한 치 앞을 모르는 미개의 시절은 아니었을까
그녀가 택할 수 있는 것은 희망뿐이었으며
이 삶을 건너갈 수 있는 것은 망각뿐이라 했지만,

더는 지치지 않게 위로해주고 싶었던 친구

벽공에 점 하나 찍혀 있다
압정이라도 박듯 꾹 눌러 놓는다
멈춰 있던 온 하늘이 내게로 빨려 들어오고 있다

因緣 2
– 첫사랑

40여 년 전이었을까
나는 성장기 끝에서 마악 숙녀가 되려 했었고
그는 자신의 삶을 봉건사회와 마지막 이별을
꿈꾸던 때였을까
길가의 곡식 내음과 철부지한 코스모스 꽃들,
그렇게 세월은 기억의 원심력에 밀려 이곳까지 왔지만
나는 생각한다 들길 한켠엔
다락방을 방금 빠져나와 숙녀를 준비 중인
한 소년이 있었음을,
과거를 떠올리는 일이야말로
얼마나 먼 미래를 준비하는 일일까
때로는 과거가 전생의 인연처럼 불쑥 찾아들 때가 있다
식사 후 커피 한 잔 찾기 위해 헤매다 만 과거의 장소
왜 나는
그 오랜 추억의 지역을 현대병 같은 변화의 물결 속에서
깜빡 속고 지나치려 했는지 알 수가 없다
언젠가 한 번 그와 함께 거닐었던 오후들과 오솔길을
아주 오랜 과거의 기억만 갖고 가봐야겠다

산책
– 남문 골목

세상의 낮은 담장들은 근시다
바깥 발소리도 계절이 들어찼다 떠나는 소리도
잘 보이지 않는다
먼 곳을 바라볼 수 없다는 건
가까운 것들을 외면하는 작은 단서,
이른 새벽 나는 날마다 현관문을 열고 나가
근시안에 빠진 낮은 담장과 계절을 찾은 몇 장미와 마주친다
그리고 모퉁이를 돌아 몇 개의 잠정적인 꽃들을 지나쳐,
비가 올 것 같다
나무들이 눅눅해지고 바람이 보이지 않는다
잎들이 잠시 명상을 놓고 망각의 단층에 금이 가는 듯한 느낌,
나 오월에 파도들의 슬픈 기일을 찾아 기억의 어귀에 이른다
쉽사리 함구로만은 비워낼 수 없는
그 무심한 소문들의 행방이라도 찾듯
망각이 묻어둘 수 없는 눈물 속 수심의 깊이를 어루만져본다
나는 남문 길 담장을 따라 돌아 나온다
곧 비가 올 것 같아 서둘러 호흡을 옮기며…

때론 지난날들이 블랙커피처럼 쓸 때가 있다

歸家 2
– 화서오거리

노을을 등지고 집으로 간다
발밑 그림자가 톡톡 등을 밀치고
도시 안 불빛들이 피곤 속으로 몰려든다
서쪽을 향해 붉게 물든 얼굴로
나를 스쳐가는 반대편의 행방과
골목을 막 빠져나와 저녁을 찾듯
잠시 머뭇거리는 차량들,
그렇다면 내가 다녀온 세상은
세상이 나를 꿈꾼 곳일까 내가 세상을 꿈꾼 곳일까
저녁은 또 올 것이다
지상의 나른한 꿈들이 휴식의 어귀를 그리워하는 한
세상의 저녁은
누군가 잃어버린 당나귀처럼 쓸쓸함과
붉은 노을을 받아내는 일,
나는 타박타박, 가벼운 발걸음을 집으로 옮긴다

4월의 기억 1

꿈이었을까
해가 거듭되면서 기억의 공제선부터 허물어지기 시작한
길 건너 저쪽의 플라타너스와 나머지 오후들은,
바람은 늙은 인부처럼 걸어와
수선화 낮게 핀 저수지 위의 물을 한 겹 공상으로 벗겨내듯
내 상념의 반대편으로 몰려왔고
그럴 때마다 나는 누군가에게서 선물 받은 팔레트를 떠올리며
하나의 비밀이 심장의 반대편으로 전하는
생의 파문을 애써 받아내야 했었지
모든 것은 망각이 되거나 그림으로 돌아간다고 하던,
이별이란
붓이 닿을 수 없는 곳에서부터 깨어나는
빈 메아리 같은 것이라던,
그는 떠나고 팔레트만 남았지 그리고 나는 알지
4월의 기억은 그림이 되지 않으면 위험하다는 사실을,
그리고 나는 알지
4월의 기억은
누군가의 핸드폰이 세 번 이상 울리기 전 지워야 하고
그런 날 바깥 햇살은 망각보다 깊다

4월의 기억 2
– 아버지의 江

내게 있어 아버지는
오래전부터 소통되지 않는 문장이었다
비가 오는 날이면
강물이 어느 깊이로 흐르는지도 모를
아득한 소용돌이였으며
그런 날 저녁 아버지는
저벅저벅 메마른 날의 사연들을 이끌고 대문가를 넘어왔다
때로 잠 못 드는 날들을 보내야
세상의 문장들은 강을 저버린 채 사막을 찾는 것인가
주름진 입가에서 담배연기를 허공에 내쫓을 때마다
더 깊은 화엄 속으로 멀어지던 아버지,
한 끼의 체납된 고지서에도 허리가 휘는 아버지가
낡은 엘리베이터를 이끌고
인계동 아파트 8층, 집으로 온다
한동안
작은 멀미에도 문지방을 만들던 내 안의 외진 날들이었다
계절을 넘을 때마다
더 삭막한 늑골에 발목이 걸리곤 하던 나,

아버지는 끝내 내가 될 수 없는 물 깊은 문장이었다

오월의 삽화
- 남문 골목 오래된 저택의 장미

높은 담장과 여름 장미들이 뒤엉킨 골목 한켠,
오전을 딛고서 정오 저쪽으로 넘어가려는
태양이 바쁘다
어젠 목이 긴 기억들을 초대하다가
문득 오후의 행방이 사막 같다는 생각에 붙들렸다
생각에 고립된다는 것
나는 가끔씩 베란다를 벗어나 기린의 생애를 꿈꾼다
성장기 때의 교과서를 빠져나와 초원을 달리거나
불쑥 나타난 사막의 입구에서
황혼이 깊어지도록 도시를 거부하고 싶을 때가 있다
높은 곳의 잎새를 훔치거나
햇살이 덜 마른 또 다른 오전을 섭취하면서
땅이 닿지 않은 곳의 갈등을 헤아려보는 일,
나는 남문 골목 안을 걷다가
오래된 저택에서 흐드러진 장미를 만났다
도시라는 비 자연 속의 편의적 공간에서
오월 내내 장미들을 넘겨다보곤 한다

바느질

눈이 밝은 날엔 바늘귀도 잘 보인다
새 소리도 잘 보이고
먼 옛날 어머니의 오후도 잘 보인다
집 뒤 시누대가 제 마디들의 끝에서
더위를 짚었는지 몇 줌의 바람 소리로 잊히는 한때
오래도록 미루어두었던 겨울 외투를 꺼내어
단추를 단다
그 겨울이 끝내 쟁이지 못했던 몇 개의 약속들과
한밤중의 불면,
창 밖 폭설의 밤까지
단추 하나로 꿰고 있는 것이다
내가 아픈 것은 세상이 아프다는 반증,
한여름의 간헐적인 폭우와 긴 폭염 속
안쪽의 날들이 더 푸르러 지는 법
그럴 때마다 바느질 속으로 들어가
세월 내내
규방문화로 채웠던 어머니의 날들을 떠올리며
바늘 하나 집어서
한 땀 한 땀 서툰 실마리를 찾아 매듭을 짓는다

내 우울한 구석의 이야기

언젠가 내 삶의 무료함이
거실과 베란다 사이를 서성일 때
기타를 빌린 적이 있다
낮은 날들의 창밖 풍경과
그것들을 낱개로 뜯어내고 있는 바람을 짐작하며
서툰 코드를 쥔 적이 있다
세상에 기타보다 더 고약한 럭비공이 있을까
왜일까
나는 기타를 쥘 때마다 조금씩의 거식증을 낳는다
거리 저쪽의 차들이 점점 홀쭉해지는 것을 느끼거나
하루의 해가 노른자위처럼
부패되기 쉽다는 것을 견뎌내는 것
그때마다 나는 기타를 꺼낸다
아니 내 우울의 습관 같은 거실 한구석의 기타,

나는 지친 어깨에 우울을 몰아내 줄 이야기 한 줄 튕겨본다

유년 2

인계동에 있었던 그 팽나무
그 오래전 풍경 속에서
산체스의 아이들을 떠올려 봅니다
그 곡부터 듣고 싶은 날
팽나무, 그 의문스런 존재방식에 대해
지금 유추할 길은 없습니다
왜 그 나무들이 아름드리가 되자
베어지곤 했는지도 알 수 없습니다
오늘은 그 의문부터 풀어봐야겠습니다
그날 뿔뿔이,
오래전 지웠던 허망한 마음이 다시 재생됩니다
본시 세상은 비가 오거나
햇살이 늦도록 머무는 낯선 풍토이기는 하지만
그래도 작은 위안이 되는 게 나무였다는 생각을 하면
그들에게 공중의 집 하나씩 주고 싶은 마음은
누구의 추억 때문일까요
다시 한번 그 낯선 주소로 마실을 가고 싶어집니다

가끔씩 그들이 전화를 한다
– 두 남동생 정우 종규

내가 무심코 망각에 빠지는 날
밖엔 봄날이 쥐오줌 만한 개나리꽃을 물들이는 날
혹은 유월 속에 잔류 중인 꽃들의 후렴 같은 나른함이
내 안의 우울을 슬몃 들여다보는 날
그들은 나에게 전화를 한다
큰 남동생이 먼저 안부를 물어오고
막내동생, 건축이 애증이 되어
이젠 집 짓는다는 게 두렵다고 한다
풀밭 위에 지어져야 할 집이 어느 순간
뿔 달린 이기심의 거주지가 될 때
한순간 몰려오는 회의(懷疑)
그래도 두 동생은 지치지 않고 나에게 전화를 한다
오십 중반의 당뇨를 가로지르고 못 받은 빚을 가로질러
어제 태어난 사람처럼 전화를 한다
이젠 너무 많이 들어 고장 난 손잡이처럼
익숙해진 나의 이름, 누나
세상살이가 힘들 때마다 맡겨놓은 젖이라도 있는 듯
애틋하고 애잔한 체온의 한구석에서
가끔은 번갈아 전화를 걸곤 한다

미니멀 라이프
― 버리기의 작은 공상

나를 읽다가 떠난 것들은 최고의 스승이었다
일본의 한 여성이 얘기했다던가,
우리가 꿈꾼 삶이 얼마나 허용으로 불편했는지
나는 그러나, 아직 그녀가 택한 삶을 동행할 수가 없다
인생 속에서 쓰나미는 공포다
잃어버릴 게 있다는 건 잃어버린 날들에게
어떤 위로일까
나는 날마다 풍경을 꿈꾼다
꽃들의 계절을 꿈꾸고 이름 없는 제목들이
지난밤을 아무렇게나 꽂아놓은 책들을 확인하면서
삶의 사치들에 대해서도 아무런 고배를 마시지 못한다
나는 가끔씩 생각한다
해일이란 건
내가 꿈꾸는 먼 미래의 후회일까
아직은 안전한 지금, 이 순간들의 진실이라는
가면 쓴 행복일까
어떤 위선의 약속들과 만나지 못한 인연과 열망들
창밖 폭우의 밤들은 떠났다

미니멀리스트, 그 모든 것 다 쓰나미에 내줘도
평생 아꼈던 책 몇 권만은 후회를 멈출 수 없었다고,
나 또한 꿈의 영역도 기억 모두가 좁아지는 걸
애써 부정하며 더 작은 공상에 든다

형광등

세월의 무게에 눌려 있었음일까
거실 한켠 주방과 연결된 형광등이
느닷없는 혼란에 빠졌다
한순간
양장본 속 중세의 페이지 하나가 사랑을 단념하고
바깥 어둠들이 때를 만난 듯 점멸의 안쪽으로 몰려든다
초저녁에 만난 세월 저쪽과의 갑작스런 조우,
방금 전 통화 속에서 나눴던 내 안의 앵무새 대화들이
새장 속의 우울을 드러내고
오래전 등산을 선택했다가 기타로 바꿨던
어느 계절의 취미가
낮은음자리의 사연으로 되살아난다
세상의 모든 세월은 일상의 모퉁이에서
정전이 되거나 잃어버렸던 것들을 일깨워준다
나는 비로소 주변의 무엇이든 내게 소중하다는 것을

반 발, 뒤늦음에 몰려드는 환함에 눈부시다

풍토병보고서
– 아직은 코로나에 걸리지 않은

겨울을 넘어온 오후의 풍경들이 가파르다
아직 망울도 터뜨리지 못한 쥐똥나무 줄기가
어색한 듯 꽃병을 차지하고서
멀리 떨어진 창 밖 개나리가
가녀리게 노란 물을 묻히고 있는,
나는 언제나 이 절기에 이르면 예감들이 근질거린다
4월이 되기 전 주저앉혀야 했던
학창시절의 사춘기와 몇 줌의 풍토병
그 이름을 알 수 없던 성장의 입자들 속에서
감기는 어떤 표정의 신열이었을까
겨울을 넘어오면서
코로나가 풍토병으로 바뀌고 있는 한때,
고열의 소문과 뉴스 속 복면의 숫자들 그것들이
제 안의 신분을 바꾸어 풍토병이 되고 있는 것이다
그렇다면 먼 옛날 젊음의 몸살도
겨울을 넘어와서야 풍토병으로 바뀌는가
봄은 갈 것이다
아직은 일희일비로 머물고 있는 바이러스도 물러날 것이고
지난했던 여정도 다 지나갈 것이다

부드러운 폐허
– 선인장

사월이 지나자 나는 엘리어트를 벗어던지고

사막 같은 공상 속으로 간다

식물들의 으적거리는 감촉과

공원으로 통하는 몇 개의 숲을 지나쳐

지난밤 구름이 종적을 감춘 기억들의

반대편으로 향한다

꽃이 낮은 곳의 질서를 포기하지 않는 건

악몽들을 두려워하기 때문이며

꿈을 이루지 못하는 건

더 높은 절망의 의문 때문이다

누군가 내다 버린 하나의 선인장이

그 좁은 사막을 건너는 일도

가시 몇 포기하면서 신열의 불꽃을 꿈꾸기 때문,

나는 선인장이다

멀리서 보면 신비하고 가까이 서면 마구 찔릴 것 같은

그 부드러운 폐허

겨우내 깨어나지 못한 선인장 하나, 일어서고 있다

전송
– 큰언니 부부 여행길에서

며칠 여행 중인 언니가 보내준 몇 장의 사진들
삼월 말부터였던가
사진의 순서로만 보면 그녀의 발길은
남도의 개화기를 거쳐 북으로, 아니다
어쩌면 언니 부부가
꽃을 따라다닌 게 아니라 꽃들이 그들을
수소문했을지도 모를 일
수선화가 그러하고 샛노란 유채꽃 자목련의 행색이
그러하다
알리바이란 본래 꽃들이 자신의 거치를 숨기기 위한
위장술일 때가 많은 법,
나는 오랫동안 서랍 속의 사연들을 좋아했었다
그러나 언니가
풍경의 이동들을 전송할 때마다
이제는 차곡차곡 핸드폰 갤러리에 쌓이는 이야기를 열고서
남쪽 진해를 거쳐 북상하는 벚꽃들을 따라
시간 속 여행을 즐기는 중이다

범선 이야기

여행이 편두통을 앓지 않으려면
홍차가 필요하다
붉게 물든 저녁노을과
늘 바람의 일정보다 더디 도착하게 될
지루한 예감들, 나는 범선이다
그 망망한 날들 속에서
몇 개의 돛에 바람을 길들이는 일은
신문명을 찾기 위한 메이플라워호에 오르는 일이다
편서풍을 견뎌야 하며
지구 반대편 나비의 날갯짓이 필요하다
서풍이 불거나 무역풍이 그리운 날이면
나는 주방의 그릇들을 정갈하게 쌓아놓고서
홍차를 끓일 줄 알던 무역선의 돛들이 한없이 그립다
알함브라 궁전의 추억, 기타 연주를 따라간다
문득 인고의 풍경이 지나치고
끝내 추억이 되지 못하는 세상의 것들에
잠시 공상에 빠져보는 일,
나는 따끈한 홍차를 마시며
세상엔 참 점자로 읽어야 될 사연들이 많은 듯하다
그리고 오월이 왔다

꿈

꿈의 고향은 새벽이다
자정을 넘어온 고단함이
지난날의 짐짝을 빠르게 풀어놓고
이제부터가 낡은 잠이 꿈을 뒤척이는 순간이다
오래 능선을 오르려
제자리걸음으로 미끄러지던 사막의 어귀와
수선화 핀 호숫가 풀밭,
도무지 종잡을 수 없는
잘못 연결된 필름 속의 꿈들이 모여 있는 곳
누군가는 그곳을 악몽의 계절이라 했고
누군가는 길몽의 예후라 하는 사이
기우뚱, 세상의 모든 악몽들은 원심력에 목말라하거나
먼 길을 돌아온 기억들이 뒤죽박죽 몰려든다
가끔씩 나는 나 자신에 대해 미지의 꿈을 수선한다
꿈은 늘 예기치 못한 한켠에서
불쑥 나타났다 사라지곤 했다

장마

그나저나 우기의 날들을 떠올려보니
의식 속에 군내가 나기 시작했다
또한 작은 섬유곰팡이를 쫓아낼 유연제와
주머니 속 지난번 외출이 숨겨놓은
은전 몇 개도 찾아내야겠지
오랫동안 들르지 못한 오솔길 저쪽 상념을 비운 채
늙고 있는 그루터기를 찾는 일도
우기의 즐거움 아닐까 생각한다
어차피 한 번뿐인 인생 가지곤
구름 위를 산책하는 건 불가능한 일이기에
가까운 숲이나 둘러보는 것,
장마, 이름만 들어도 세상의 수많은 우산들이
춤을 출 이야기다

八達山

봄, 꽃들이 몰려나왔던 회주도로 길섶엔
철쭉과 영산홍뿐이다
과거가 있다는 것
성장기의 어느 때쯤을 이 산과 나눴다는 것
참 이상도 하지
어린 시절 그렇게 높이 보이던 산의 내력을
이렇게 단순한 산책으로 가로지를 수 있다니,
팔달산에 오르면
산 아래 하루가 동쪽으로 향하고
나머지의 하루만 도청 너머 서쪽으로 붉어진다
달콤한 착각이 참벚나무를 이루고
개나리 노란 무리를 깨우던 날들이었다
차가 커브를 그을 때마다
기억의 낭떠러지로 몰리는 듯한 팔각정 어느 때쯤에서
나는 뒤돌아본다
중년이 된 나와 청소년 시절이 모두 한눈에 보이는 날
오늘의 일정을 내려놓고서 조심스레 발길을 옮긴다

그 집엔 오후가 산다
― 장안사거리 홍 갤러리

액자를 좋아하는 건 액자를
잊는 방식이다
햇살의 사각 틀에 졸음을 끼워 넣듯
그리하여 액자를 좋아하는 건
액자를 망각하는 유일한 형식이다
나는 오래전부터 목이 긴 오후를 훔치기 위해
액자를 모아들였다
제 안 물방울 하나가 고요의 원근법으로 완성 지은
유월의 칸나를 훔치기 위해 낡은 모퉁이의 표구사와
누군가 쓰다 버린,
과거가 빠져나간 틀들을 기우뚱, 모아들였다
따라서 액자를 좋아하는 건 액자를 잊는 방식이 아니라
아직 도착하지 않은 낙타를 상상하는 길이다
내 안의 부재중을 기다리는 일이며
그 상상의 모퉁이에 서역의 상인들이
푸른 발자국을 남길 것 같은 오후,
나는 보이지 않는 누군가와 독백하듯이
붉게 피어난 칸나를 읽는다

耳順

나이 60이 되어 내 귀도 순한 척
늙어버렸다
내 안 임금님도 못 찾은 채
귀만 커진 걸까
때론 숲에서 흘러나온 이야기 속엔
푸른 반점의 의심들이 새겨져 있었지만
그러나 나는 나의 귀를 원망하지 않는다
귀에 길들여진다는 건
침묵을 헛되이 바람에게 돌려주는 일,
그 오리무중(五里霧中)의 날들 속에서
세월은
언젠가 나를 스쳐간 복면 쓴 소문이거나
다시는 되찾지 못할 뒷모습일 때
나는, 찬란하였다
길이 끊어진 절벽이었으며
진실의 창(窓)이거나 거짓 어귀이기도 했으리라
이제 내 몸에 말라붙어 있는 귀는
더 이상 화려함도 암흑도 아닌 나와의 화해 중이다

풍경 11
— 남문 골목

좁고 낡은 모퉁이 한켠

분필 글씨로 나와 있는 메뉴들 그것들이

나의 무료함을 지키는 교과서가 된 지 오래다

매일 새로운 메뉴가 쓰이곤 지워지고

그곳에서 누군가의 낡은 호흡을 기다리고 있는

노래들은 또 어느 시절의 표정이었을까

옛 향수 느낌의 입자들이

단순한 조명에 위로 받고 있는 과일들과

몇 개의 우산들이 외출을 포기한 채

머물고 있는 작은 마트엔 햇살들이 간담회를 나누고 있다

그렇다면 저 과일들의 유효기간은 언제부터 부패를 서두를까

누군가 조금의 빵내음처럼 가까이 다가와서는

과거의 하중을 이기지 못한 듯 삐걱,

소리를 남기고 떠나는 자전거처럼 그곳에서

내 몫의 과거를 본다

7월이 지나쳐야 추억이 가파르다

그 안의 설득력 잃은 계단 가까운 곳

그 골목은

여전히 숲과 야산엔 힘겨움을 덜어내느라 눅눅한 웃음이
산비둘기 소리로 내려오고
불임의 시간을 보내고 있는 도시,
이미 분만의 꿈은 말라버린 지 오래다 그리고
남문 골목을 헤매다가 들키고 만 어느 여름의 전율과 이별
세월의 표정이 화석이 된 행방 속으로 걸어와
모차르트 앞에서 라 살레트 적 회피,
승자의 외로움과 우월의 고결함은 늘 푸른 건가
오래된 이 거리에선 나의 무료함을 덜어줄 것은 아직도 많다
그리고 늙고 빈약한 우연도 내 오후의 증표다 비표다

초원의 빛이여 꽃의 영광이여,
그 치명적인 말이 지상에 머문 지도 오래되었다
다시 그것들이 몰려와 나에게로 올 길도
이미 지워졌을지도 모르지만
나는 오늘 산삼으로 한 끼 깍두기를 담궈야겠다

− 2018년 5월 31일 (모녀 전시 中)

붓꽃

오래전부터 붓을 꽃으로 승화시키려는 아집에
빠진 적이 있었습니다
붓꽃, 그러나 붓은 묵향 속으로 떠나버렸고
꽃은 우두커니 발이 저리도록 그 자리를 맴돌 뿐인
계절이 있었습니다
붓과 꽃은 한 자리에 머물게 하는 것은
나와 그리움을 한세상에 두는 일처럼
불가능한 욕망 같습니다
이제 다시는 붓과 꽃을
벼루 속에다 감금하려 하지 않겠습니다
붓꽃, 그러나 나는
그 꽃이 서럽도록 아름다운 걸
침묵할 수 없습니다

나는 붓꽃입니다

옥탑방 2

좁은 골목길
사금파리 병 조각이 숨 쉬고 있던 담벼락
건물의 덧댄 공간이 지상의 끝으로 밀려났다
욕망으로부터 가난을 들쓰고서
아이 있는 부부는 사절입니다,
언제부턴가 그 인계동 골목은
꽃들의 도금도 뜯겨나간 거리엔
고흐가 심고 간 해바라기 몇 그루, 있었다
늙은 구두 수선공의 침침한 눈으로
그가 평생 못을 박고 뒷굽을 갈아 끼우던
그의 종교는 가난일 수도 있다
선인장을 타이르듯
여름날 소낙비에 버티기를 바라는 마음이었을, 그리고
보이지 않는 날들의 스카이 위성 수신기처럼
여름이면 낮은 그리움들을 수신하던 접시꽃들과
마른기침으로 담장을 새어나오던 괘종시계 소리,
다시 그곳을
내 추억의 성역으로 회복하기란 어려울 것이다

이미 언제부턴가 빌딩 숲들이 차지했기 때문,

紙婚式

명은아, 너는 우리의 무딘 가슴속으로
햇살처럼 찾아들었지
꽃이 태양의 선물 중 가장 아름다운 까닭은
네가 꽃을 빠져나와
우리의 며느리로 거듭 태어났다는 것
서로 웃고 꿈꾸는 그 무상의 기쁨 속에서
세상의 가장 향긋한 인연,
가족이라는 이름의 꽃이 되었구나
지구라는 푸른 별에서의 커다란 임무,
부모와 네 안의 백마 탄 정환이와 함께
그 사랑, 두고두고 이어가길 바란다

− 지혼식을 맞아 엄마가 *.*

따뜻한 노력들 2

몸살 앓던 봄도
겨울을 밀어낸 봄 햇살이 폭염으로 바뀔 하지도
서서히 순환한다
모든 것들은 한눈에 의미를 부여할 때
비로소 빛났다
누구나 지나친 계절을 되돌릴 수 없듯이
오랫동안 움츠린 생각들도 더 이상 가둘 수 없다
가슴속의 언어들이 따뜻해진다
눈물이 나고 때로는 신비하기까지 했던 과거들은
이제 다소곳이 땡볕 속 그늘 같은 깊이에 빠지는 일,
그까짓 몸에 생채기 하나씩 긋는 일이며
밤이 꺼져가는 가로등을 지켜보는 일일까
깨어나기를 반복하는 새벽들은 따뜻하다
녹색 끈으로 묶은 내 머리도 상투를 튼 듯한 인내와
자고 나면 피고 지는 철쭉도 짙은 초록이 돼서야
따뜻한 과거가 되는 것,
나는 오늘도 새벽을 깨워
가슴속 언어들을 꺼내어 써내려간다

타임(Time)

오랜 기억을 꺼내어
알란 파슨스 프로젝트의 타임을 켠다
창밖 공중의 태양을 붙들어놓고
기억 속 상인의 여행을 배웅해주던
작고 헐렁했던 숲을 책망하듯
오래전 종적을 감췄던 시간을 켠다
그 시절 낙타가 실어 나르던 시간들은
다 어디를 헤매고 있을까
세상의 가장 근원적인 이 영원 속에서
순간 새로운 질서를 마련하는 일이
또 다른 과업임을 서로 공감한다는 것,
시간 속에서
"내가 나이 들고 현명해지면
쓰디쓴 말도 가을바람처럼 스쳐 지나가겠죠"

시간이라는 먼 훗날의 지금(只今)은 과연
얼마만큼의 여분이 남아있을지는 모르겠지만
나는 가끔 하현달을 바라보며 서재에 앉아있을 때
덜컹이는 전철 안에서 낙타의 발자국을 찾으려할 때
초침의 흐름을 늘 읽곤 했다

아름다운 윤회

한동안 이상한 쳇바퀴 같은 세상을 살았다
일방통행이었고 환승도 못 하는,
때로는 전철 안에서 가볍게 흔들리거나
한 발짝 디딜 수 없는 만원 버스에서
끝없는 윤회를 뒤집었다
비가 오지 않는 날들이
버스의 피곤한 노선과 동행하는 날들이었을까
그 속에서 자신의 행방을 속이고 있는
한 남자의 쓸쓸한 졸음도 보았고
그렇다면 내가 내려야 할 곳은
들꽃이 지치기 시작하는 봄날의 오후일까
아니면
여름이 지천으로 피기 시작하는 태양의 저녁 무렵일까
나는 가끔씩 집으로 가는
내 몇 개의 정류장을 버리고 낯선 버스에 오를 때가 있다

그리고 온통 가을이 왔다

사랑은

문득 과거 속을 더듬적거리다가
주머니 속에서 사탕껍질을 하나 꺼낸다
달콤한 속의 시간을 추정하는 일은
낡은 수레가 지친 영혼을 가을로 옮겨진 뒤에나
드러날 것이다
그렇다면 세상의 인연들을 이끌겠다는
그 유니콘은
어디로 떠나간 것일까
사랑은 고결함이라 했고 누군가 얘기했지만
또 다른 대륙으로 건너가서
아름다운 사연이 되기 위해
머나먼 동쪽 갑골의 나라로 떠나리라는…
이젠 어느 골목에서의 나누었던 약속도
따뜻한 체온의 교감도 멀어지는 날,
그러나 사랑은 다시금 내게로 건너오리라

다시 유월, 물의 어귀에 서다

바람이 망초꽃 무리들을
오후의 모퉁이로 모아놓는 한때
저수지 안은 온통 햇살의 조각들로 가득하다
중세의 소설처럼 뿌옇게 드리워진 풍경 속에서
내 안 여자의 일생을 기억하기란 불편한 보다 빨리 시든다
나도 어쩌면 소설, 여자의 일생과 골목을
함께 쓰고 있거나 태양이 뜨고 지는 동네의
반대편에서 살고 있는지도 모를,
가끔씩 소설의 문장들을 저수지 물 위에 펼쳐놓으면
햇살처럼 눈부시다
6월의 풍경처럼 희부연 오후에 담겨 있거나
내가 다 읽지 못한 채 겉장만 덮고 만
한 여자의 일생처럼 초라하기도 하다
물들의 갈피갈피 서려있는 이야기의 후반부를 읽지 않고는
안심할 수 없는 유월의 저수지
나는 더 이상 물결들을 덮고서 바람이 모아놓았던
유월의 망초꽃들을 제자리에 놓아주며
오후의 모퉁이를 서둘러 빠져나온다

오전의 낙서

지난주 공휴일 끝의 후유증인지
약간의 늘어짐과 함께
꿈을 꾼다는 것에 대해서 생각해 봅니다
꿈을 꾸지 못한다는 것에 대해 생각해 봅니다
현실과 잠 그리고 어린 시절
내 이마를 짚어야 중단되던 진땀들의 꿈까지 기억하는 일은
늘 향긋합니다
그때마다 나를 걷게 하던
사각의 의자와 턴테이블 한켠의 고장 난 노래들이
꿈을 잃은 채 사물의 자리를 지키고 있는 걸
어렴풋이 기억합니다
〈그 돌아오지 못할 벽 저쪽의 시계소리를
기다려야겠습니다〉
꿈은 때로 현실과의 평행선일 때가 있습니다
세상의 모든 평행선의 끝은 공제선이며
그리하여 우리가 꿈꾸는 것은
본의 아니게도 우리의 공제선을 따릅니다
기차들의 편두통과 편도의 의미를 생각해 볼 때

우리는 그리 막막하지만은 않은 듯합니다
그러나 꿈이 없다면
작은 해일 속에서 허리케인이 일어날 일은 없겠지요,
한 번 카오스적 나비의 날갯짓을 상상해 보았습니다

나무와 새

나무가 봄을 딛고
또 다른 계절을 넘겨보는 동안
나는 생각해본다
세상의 직립들은 왜
제 안의 나이테까지 배신하면서
수직을 꿈꾸는 걸까
나무의 계절은 성장이 아니라
잎을 내놓고 보내는 저장된 시간 속이다
꽃을 피우고 새를 부르는 절망의 날들은
얼마나 기다림을 해야 서로 마주할 것인지
꽃이 피는 날, 새 한 마리 날아들고
그 나무와 새
잠깐의 만남 속에서 푸름의 시간을 보낸 듯하다

冬至

서재 안으로 잠시 들른 햇살
창밖 단풍나무가 곱다
이 방으로 들른 햇살들은
저곳을 찾으려다 잘못 들른 건 아닐까
빈 오후는 천천히 흐르고 책들은 조용하다
옆집에서 건너온 늙은 기침소리 만이 벽시계처럼 조는,
달력의 날짜들은 보일러에 몸을 기댄지 이미 오래다
내 안의 체온들 양지쪽을 고르듯 움직임이 더디다
손가락으로 꼽아서는 넘겨지지 않는 늦가을 한때의 시간들
오늘 저녁쯤은 어떨까
한동안 미루어오던 시내에서의 약속과 단순한 식사,
오는 길엔 밀감 몇 알
햇살 구겨지지 않게 꼭 여며서 오리라

歸去來辭

진눈깨비가 일월의 한때를 오락가락거리는
도서관 근처
나는 이곳까지 나를 이끌어준 시대와의
단서라도 찾듯
잠시 허공을 올려다본다
도연명, 지금 내가 만나고자 하는 그는
내 안의 아집들을 무너뜨려 줄 수 있을까
귀거래사라고 했던가,
나는 오래전 오두미를 마다하고
자연으로 돌아간 적이 있었다
지금은 내 기억의 원심력 밖에서
깊은 사색으로 물들어가고 있는 중이다
세상이란 참 시공을 초월한 고전과의 국경지대 같다

도연명의 계절은 또 올 것이다
안빈낙도도 돌아올 것이고…
〉

사철 문지방에 바람이 마르지 않는
그런 청빈의 계절, 다다를 것이다

■ **맺음말**

숲으로 돌아가는 새

새 한 마리 숲속으로 깃들고
나무의 한켠이 기우뚱, 흔들린다
숲은 그 새에게서
거대하고 섬세한 푸른 노트다
날마다 새는 기억들을 적는다
……

나는 수원에서 태어나 성장했고
가까운 평택에 살면서
수원을 거의 이웃처럼 드나들었다.
부모님과 오 남매 그리고 나의 귀한 인연들이
수원을 본거지로 삼고 산 덕택이다.
반세기 가까이 미국에서 거주하는 작은언니 유강(幽崗)과
참으로 아름다운 기억들이 범선의 돛처럼 자유로웠다.
간혹 바람의 높이를 재던 돛의 방향이
조난과 역경으로 짙푸른 삶 속을 들렀을 때
잠행의 도피처가 되었던 나의 문장들을 늘 다듬곤 했다.

수원에서의 빛나던 인연들과 나의 혈육들
시인의 용기와 감성이 되어 돌아오게 한 歸鄕,
비로소 몇 편의 문장들을 묶었다.
내 곁을 떠난 이들과
남아있는 인연들에게 깊이 감사를 전한다.

2023년 7월, 홍문숙 드림